国家重点研发计划资助项目（资助号：2018YFB1600202）
住房城乡建设部科学技术项目计划资助项目（资助号：2016-K4-068）
黑龙江省自然科学基金项目（资助号：E201431）

# 准静力影响线法桥梁荷载试验与结构损伤诊断技术



刘 洋 孙 杰 张绍逸 高庆飞 编著

中国建材工业出版社

**图书在版编目（CIP）数据**

准静力影响线法桥梁荷载试验与结构损伤诊断技术/刘洋等编著. —— 北京：中国建材工业出版社，2020.2

ISBN 978-7-5160-2774-5

Ⅰ. ①准… Ⅱ. ①刘… Ⅲ. ①桥梁结构-载荷试验-研究②桥梁结构-损伤（力学）-研究 Ⅳ. ①U443

中国版本图书馆 CIP 数据核字（2019）第 282188 号

**准静力影响线法桥梁荷载试验与结构损伤诊断技术**
**Zhunjingliyingxiangxianfa Qiaoliang Hezai Shiyan yu Jiegou Sunshang Zhenduan Jishu**
刘 洋 孙 杰 张绍逸 高庆飞 编著

出版发行：中国建材工业出版社
地　　址：北京市海淀区三里河路 1 号
邮　　编：100044
经　　销：全国各地新华书店
印　　刷：北京雁林吉兆印刷有限公司
开　　本：787mm×1092mm 1/16
印　　张：7.25
字　　数：180 千字
版　　次：2020 年 2 月第 1 版
印　　次：2020 年 2 月第 1 次
**定　　价：67.00 元**

---

**本社网址：www. jccbs. com，微信公众号：zgjcgycbs**

**请选用正版图书，采购、销售盗版图书属违法行为**



**举报信箱：**zhangjie@tiantailaw.com **举报电话：（010）68343948**

**本书如有印装质量问题，由我社市场营销部负责调换，联系电话：（010）88386906**

# 前　　言

桥梁作为交通线路跨越河流、山谷、沟渠等障碍的通道，是公路交通网络规划建设的重要组成部分。长期以来，我国道路建设中，中小型桥梁数量所占比重较大，而且中小型桥梁在建成投入使用后，由于材料性能退化、超载车辆较多、意外碰撞事故等原因而产生不同程度的损伤。这些损伤如果不能得到及时的维护和修复，轻则会缩短桥梁的使用寿命，重则会发生桥梁的突然破坏或倒塌，影响行车和航运安全。国内外对桥梁结构安全运营的关注主要集中于大跨径或特殊复杂桥梁，而缺乏对中小型桥梁结构检测的研究。为了保障桥梁结构在运营期间的安全性、完整性和适用性，急需采用有效的技术手段对桥梁结构安全进行检测与诊断。桥梁荷载试验是在役桥梁结构进行承载能力诊断的最有效方法，然而，传统的桥梁荷载试验方法存在需要中断交通时间长、现场检测工序复杂、经济成本高等问题。因此，在短暂中断交通的情况下，实现对桥梁结构安全的快速检测具有重要的理论意义与实用价值。

针对传统桥梁荷载试验需要长时间中断交通的问题，本书作者提出准静力影响线法桥梁快速荷载试验与结构损伤诊断技术。在封闭交通条件下，采用加载车以恒定速度通过桥梁，该加载方法近似为多个连续的静力加载工况，即实现了桥梁动力加载的等效静力化；同时，利用基于非接触式的（计算机视觉技术、基于激光跟踪仪逐点标定技术）目标位移矢量测量方法，快速连续采集准静力加载下的桥梁结构响应，可近似得到各关键截面的静力影响线，即准静力影响线。利用准静力影响线，可实现中小型桥梁结构安全的快速检测，所提技术可在长期运营与突发应急（自然灾害、重大交通事故、恐怖袭击等）状况下，克服常规桥梁荷载试验与维修加固需要中断交通时间长、现场工序复杂、经济成本高等问题，将桥梁结构安全检测对交通的影响降至最低。

本书详细阐述了准静力影响线法桥梁荷载试验技术、准静力影响线法桥梁结构损伤诊断方法及其在实际桥梁工程中的应用情况。第 1 章系统总结了桥梁结构安全评价技术的研究现状；第 2 章具体介绍了准静力影响线法桥梁荷载试验技术的基本思想及流程；第 3 章及第 4 章分别从数值模拟与模型试验的不同角度，详细阐述了准静力影响线法桥梁结构损伤诊断方法的基本原理，并讨论了算法的实施应用、适用范围及加载条件等关键问题；第5章以实际桥梁为例，详细给出了准静力影响线法荷载试验与结构损伤诊断技术的实际应用步骤；第6章介绍了准静力影响线法桥梁荷载试验软件系统。

本书的研究工作先后得到了国家重点研发计划（资助编号：2018YFB1600202）、住房城乡建设部科学技术项目计划（资助号：2016-K4-068）、黑龙江省自然科学基金面上项目（资助号：E201431）等项目的资助；同时，本书的编写得到了研究生曹建新、高铭鑫、张剑阳、唐旭、代明智等的大力协助，作者有幸能够与研究生们共同探索准静力影响线法桥梁结构安全检测与评价这一富有挑战性的研究方向，部分研究成果为作者与研究生们合作完成；另外，合著者济南城建集团有限公司孙杰副总工程师对本书的策划、编写及修改倾注了大量心血，在此表示衷心的感谢！本书参考并引用了国内外有关专家的研究成果，在此也一并表示衷心的感谢！

作　者

2019年11月

# 目　　录

# 第1章　绪　　论

## 1.1　背景概述

桥梁作为交通线路跨越河流、山谷、沟渠等障碍的通道，是公路交通网络规划建设的重要组成部分。长期以来，我国道路建设中中小型桥梁数量所占比重较大，而且中小型桥梁在建成投入使用后，由于材料性能退化、超载车辆增多、意外碰撞事故等原因而产生不同程度的损伤。这些损伤如果不能得到及时的维护和修复，轻则会缩短桥梁的使用寿命，重则会发生桥梁的突然破坏或倒塌，影响行车和航运安全。因此，对建成的桥梁进行有效检测，充分了解桥梁实际工作状况，验证承载力能否满足强度要求，是保障桥梁运营及生命财产安全的必然要求。

目前，国内外对桥梁结构安全运营的关注主要集中于大跨径或特殊复杂桥梁，而缺乏对中小型桥梁结构检测的研究。国内近年来在桥梁安全管养技术方面的发展和进步，远不能适应我国桥梁安全管养的实际需求，为了保障桥梁结构在运营期间的安全性、完整性和适用性，急需采用有效的技术手段对桥梁结构性能进行诊断与评定。桥梁荷载试验是在役桥梁结构安全进行检测与诊断的最有效方法，然而，传统的桥梁荷载试验方法存在需要长时间中断交通、现场检测工序复杂、经济成本高等问题。因此，在短暂中断交通的情况下，实现对桥梁承载能力的快速评定具有重要的理论意义与实用价值。

虽然国内外学者针对桥梁结构安全评价的研究取得了一定进展，但是这一研究方向仍然面临巨大的挑战，主要难点集中在：如何建立桥梁结构动力信息与静荷载试验信息之间的关系模型；如何利用较小的车辆动荷载通过桥梁时所产生的动力响应推测出桥梁结构在常规静力荷载试验中的响应或更大荷载作用下的结构响应；如何利用动荷载激励下的结构动力响应识别桥梁结构刚度并实现损伤定位等。由此可知，提出现有桥梁静动力荷载试验替代方法是突破中小型桥梁结构安全快速检测与诊断问题的有效途径。

综上所述，中小型桥梁结构安全快速检测与诊断所凝聚的科学问题为：提出现有桥梁荷载试验技术的有效替代方法。针对这一问题，本书作者提出准静力影响线法桥梁荷载试验与结构损伤诊断技术。一方面，该方法缩短了桥梁试验检测时间，节省了检测成本，把荷载试验对交通的影响降至最低；另一方面，该方法可应用于中小型桥梁定期检测、突发应急（自然灾害、重大交通事故、恐怖袭击等）状况下桥梁结构损伤诊断与评定等实际工程中。

## 1.2　桥梁结构安全评价技术的研究现状

目前，国内外对在役桥梁承载能力评定的方法很多，各方法之间有一定联系，虽然其原理、功能、适用性不同，但在一定情况下需配合使用。现有评定方法主要包括：表观调查评定法、实桥调查评定法、结构分析计算评定法、荷载试验评定法、可靠度分析评定法、专家系统评定法。

### 1.2.1 表观调查评定法

该方法通过对桥梁各构件状况进行外观调查，判定构件的技术等级，从而实现对其在役承载力的初步评定。桥梁构件的表观缺损情况是判断构件承载力的直观的评价指标。依据我国《公路桥涵养护规范》(JTG H11—2004) 将构件技术等级标准划分为 5 级，如表 1-1 所示。美国联邦公路局于 1988 年 2 月在 FHWA-ED-89-044 中将桥梁评估状态分为 10 级 (0～9)。

**表 1-1 混凝土桥梁外观技术状态级别**

| 评定标度值 | 表观技术状况 | |
|---|---|---|
| 1 | 良好状态 | 未见明显病害 |
| 2 | 较好状态 | 有轻微病害 |
| 3 | 较差状态 | 病害影响到使用功能，需要及时维修 |
| 4 | 差的状态 | 不能满足正常使用 |
| 5 | 危险状态 | 结构存在较大安全隐患 |

该方法简单易行，但评定桥梁承载能力的结果受工程技术人员经验差异和主观因素影响较大，评价准确性不高。此外，桥梁结构内部及隐藏构件的损伤无法被发现，并且我国对构件外观状态的标准划分比较模糊，概括不够详细，所以此类方法往往与其他方法配合使用。

### 1.2.2 实桥调查评定法

此类方法主要有评分系统法、经验系数法、经验公式法。

(1) 评分系统法。评分系统法是一种由评价桥梁结构损伤程度逐渐发展来的定量的评分系统。评分标准及损伤程度分类需根据调查统计和试验分析结果预先制定。工程人员依据相关规范对桥梁材料质量、损伤程度等依次检查评分。该方法应用简单，但评定结果受工程经验和主观判断影响较大，结果较为粗糙。

(2) 经验系数法。经验系数法是将已有大量的调查研究作为数据库，比对确定结构损伤、材料老化、环境噪声等影响承载能力的各种系数及取值范围，折算求出桥梁承载能力的方法。此方法应用简便，但各系数由评定者根据现场情况决定，适用性有所限制，计算结果较为粗糙。

(3) 经验公式法。经验公式法是利用已有的经验公式或近似公式对桥梁主要受力构件断面尺寸进行验算进而对桥梁状况进行评定的方法。如果由经验公式计算结构的鉴定系数 $K \geqslant 1.0$，即表示承载力满足要求。该方法并没有考虑各桥梁构件的缺陷，无法对构件的实际承载能力做出精确评定，只用于桥梁承载力的初步估计。

### 1.2.3　结构分析计算评定法

该方法依据桥梁截面特性，各部件的材料状态、结构尺寸、支承情况、车辆荷载等信息，根据结构力学及桥梁结构设计理论，在设计规范框架下对桥梁结构的承载能力进行计算分析。目前我国已有公路桥梁承载能力评定的依据为《公路桥梁承载能力检测评定规程》（JTG/T J21—2011）。该方法虽然目前应用广泛，但在理论计算中所采取的数据及计算方法均是实桥的简化近似，难以完全准确地反映桥梁结构实际情况。

### 1.2.4　荷载试验评定法

该方法在国内外被广泛使用，在对桥梁进行外观调查和粗略诊断后并满足各国相关规定的前提下，通过荷载试验利用对传感器采集到的结构响应信息的分析处理，对中小型桥梁承载能力做出评定。该方法主要包括静载试验法、动载试验法和准静力荷载试验法。

（1）静载试验法。静载试验法是使试验荷载在指定位置对桥梁进行分级加载，测试桥梁控制截面的挠度、应力、应变等属性的变化趋势信息，进而分析处理，如表1-2所示。

**表1-2　静载试验法主要检测分析目标**

| 检测目标 | 校检系数 | 评定原理概述 |
| --- | --- | --- |
| 应力观测 | $K_q = \frac{\sigma_e}{\sigma_t} = \frac{\text{实测应力值}}{\text{理论应力值}}$ | 强度校验系数 $K_q<1$，强度满足要求 |
| 应变/位移观测 | $K_g = \frac{\delta_e}{\delta_t} = \frac{\text{实测挠度值}}{\text{理论挠度值}}$ | 刚度校验系数 $K_g<1$，刚度满足要求 |
| 实测值与理论值关系曲线 | 若实测点弹性应变与理论值成正比，即关系曲线趋于直线，则结构处于良好的弹性工作状态 | |
| 相对残余位移（应力） | 要求相对残余位移（应力）≤20%，值越小，越接近弹性工作状态 | |

注：0.85（或0.95）≤加载效率≤1.05。

静载试验法需首先通过理论分析，试验前计算出各控制截面的内力影响线。将静力加载计算后的结果与荷载试验结果进行比较，再结合原施工控制所获得成桥状态恒载应力，以确定桥梁结构的实际工作状态与设计期望值是否相符。静载试验法侧重于检测桥梁实际刚度、强度等性能，而其评定的桥梁承载力折减量数据则较为粗糙，只是判定桥梁的实际状况是否满足设计使用要求。

（2）动载试验法。桥梁结构的动力特性是承载力评定及动力分析的重要参数，桥梁在动态激励下利用控制截面、控制点处的传感器获取桥梁实测数据即动力特性。

动态诊断激励主要包括环境激励（自振特性）、冲击振动、激振器和车辆激励（跑车、跳车、制动）。对结构施加激励后，由于结构的模态参数（频率、振型、应变、阻尼比等）是结构物理参数（位移、速度、加速度等）的函数，物理参数的变化将导致模态参数变化。利用结构模态参数对损伤的敏感性，从实测数据中提取全桥不同位置的模态参数或衍生数据后，对比结构在无损状态或初始模型的模态信息，通过其改变判断结构是否损伤。

自1969年Lifshiite等提出通过振动测量进行损伤探测的方法以来，国内外学者提出了多种基于动力特性的损伤诊断方法，使其在工程中得到广泛应用。目前，根据动力特性数据分类的不同，可将动载评定法分为三种：基于模态域数据、基于时间域数据和基于时频域数据的分析评定方法。

在国内外工程实际中，以模态域数据应用最为普遍，主要包含对频率、模态振型、曲率模态（位移的二阶微分）、单元模态应变能和频响函数的分析处理。例如，早在1993年，Penny等对结构损伤情况进行数值模拟，计算损伤引起的频率变化，将拟合误差最小的损伤作为结构实际损伤。Stubbs和Kim等提出损伤指数为损失前后结构单元模态应变能和总应变能表达的抗弯刚度之比，其最大值可确定损伤位置。动载试验可覆盖结构隐蔽部位的监测信息，但其侧重于结构损伤信息的诊断和提取，在承载能力的评定上不能给出较为详细的折减量信息。

（3）准静力荷载试验。该方法一般以1～2辆载重车辆在桥面规定车道上缓慢开行，以同步采集设备系统为基础，实时记录布置在结构上的各测点应变时程曲线，并通过人工或自动测距系统标出车辆在桥面上的移动位置与测点应变之间的相互对应关系。然后利用上述实测数据计算得到桥梁各控制测点的应力影响线，基于此对结构有限元分析模型进行校准，根据影响线的不连续性判定损伤，达到评定桥梁结构承载能力状态的目的。

杜永峰、刘云帅等推导了损伤前后简支梁桥挠度差值影响线及挠度差值影响线曲率的解析表达式，将其作为对称加载情况下的损伤标识量。史文军提出基于准静态影响线的桥梁承载能力评估方法，利用修正后有限元模型与实际桥梁结构状况的相关性，计算出桥梁承载能力系数，评定桥梁的承载能力。李彦俊通过BDI系统进行桥梁等效静载试验，用MGEN软件模拟实桥，对比计算与实测应变影响线，确定优化模型修正参数，迭代得出优化的有限元模型，根据优化后数据变化及其位置，推断损伤区域和承载力评定。

准静态数据来源于准静态荷载试验，与本项目所提的“等效静载试验”理念相似。但该方法在近5年内才逐渐关注并投入工程应用，并且主要应用于损伤诊断定位中，在承载力快速评定方面仍存在结果模糊、不能定量等缺陷。准静态荷载试验采用轻荷载代替传统的重荷载进行试验，其引起的控制点应力增量自然较小，因此该方法需要较高分辨率和稳定性的传感设备。

### 1.2.5 可靠度分析评定法

桥梁结构的强度随着时间的推移而逐渐下降是不可避免的，此方法是基于荷载效应与抗力效应模型的建立，目的是得到结构的承载能力极限状态功能函数，如JC法、Monte-Carlo法。可靠度分析评定法能较为客观地评价桥梁的运营状况，并在一定程度上对桥梁剩余的使用寿命进行预测。

目前国内外就桥梁疲劳性能和可靠度进行了大量研究，而对周期荷载作用造成的疲劳累积损伤对桥梁结构状况的影响研究不多，需进一步研究考虑钢筋锈蚀、黏结力降低以及疲劳累积损伤等综合作用对桥梁健康状况的影响。

目标可靠指标随时间变化的特性，是在役桥梁损伤诊断可靠度评估中通常被忽视的问题，这样可能导致用以进行损伤诊断的阈值范围误差较大。实际可靠指标计算应考虑可靠度指标时变性，并就其时变性进行动态可靠度评估。

### 1.2.6　专家系统评定法

专家系统评定方法就是利用存储有专家知识和经验水平的计算机系统对桥梁进行诊断。国内外在桥梁结构损伤诊断的应用方面开发了一些比较成功的专家系统，如日本京都大学和大阪大学开发的“钢筋混凝土桥梁损伤诊断专家系统”。专家系统的建立多是基于模糊数学理论，是对桥梁承载力的一种定性描述，但是所应用系统的合理性、各种病害所占的比重（修正系数），以及样本数据容量的需求难以修正，对桥梁承载状况的评定也较为粗糙模糊，因此一般不能单独用于承载力的评定上。

上述 6 种常见的承载力评定方法各有特点并具有适用性，但对中小型桥梁承载力的快速评定并没有针对性的侧重，也并没有考虑国内中小型桥梁数量庞大、降低检测对交通影响、承载力评定精确精准等需求。可以肯定的是，区别于其他 5 种评定方法，荷载试验评定法中的经验成分很少，依靠传感器实测数据进行承载力分析评价提高了评定的准确性，是桥梁承载力快速评定的主要发展方向，但需要就荷载试验加载方式进行比较选择。近年来，有学者利用影响线概念进行桥梁结构状况评定，但相关研究很少，且主要集中于损伤识别或初步定位，承载力评定结果粗糙，仅限于状态分级评定，并没有提出量化的折减方法，也没有在实桥进行验证或为该方法的推广做更多研究。

## 1.3　桥梁结构损伤诊断方法研究现状

结构损伤诊断最早被应用于航空、机械领域，是指对结构的异常状态做出异常判别、异常定位、异常定量及寿命预测。从定义中可以看出，损伤诊断必须通过对结构系统的两个不同状态（即健康的参考状态和待诊断状态）分析比较才能发现。

根据使用的数据信息可分为，基于静力信息方法和基于动力信息方法。传统的基于静力信息方法的发展受到了一定条件的制约。基于动力信息方法是结构损伤监测技术的一个热点研究方向。大量的文献将动力法分为基于有限元模型方法和基于数据模型方法两大类。基于有限元模型方法指使用有限元模型及结构的模态参数的方法；基于数据模型方法。指利用信号处理、统计理论对数据进行分析的方法。

### 1.3.1　基于静力信息的结构损伤诊断算法

结构的应变和位移通常被认为是土木结构损伤的一个高度敏感的特征。随着传感器技术的发展，基于应变和位移信息的方法在土木结构损伤诊断中得到了广泛的关注，如应变模态分析、模态应变能和应变数据等。与基于动力信息的方法相比，基于静力信息的方法在土木结构损伤检测方面具有以下优势：①结构的静力变形很容易测得且精准度高；②使用静力信息避免了繁琐的模态识别且对损伤更加灵敏；③静力信息不受结构质量及阻尼改变的影响。因此，越来越多的学者采用静力信息来识别结构的损伤，例如静力位移、静力应变和结构的静力柔度。与其他土木结构的静力位移相比，桥梁结构的静力变形比较容易测量。常用的荷载试验就是通过测量结构的静力信息如位移和应变，来识别损伤。与动力信息方法相似，静力信息方法通常需要沿结构布设大量的传感器以保证损伤诊断结果的准确，这往往制约了其发展。而静力影响线技术可以有效地克服传感器数量上的限制，因为理论上，只需要一个传感器就可以获得完整的影响线。利用上述特性，一些学者将重点放在利用影响线来识别结构上的损伤，包括利用位移影响线曲率、利用应力影响线曲率、利用位移影响线的二阶导数来识别结构损伤位置及程度。因此，影响线技术被认为是损伤诊断发展的一个方向。

然而，对于实际运营中的桥梁结构，理想状态下的静力信息难以采集。但是在实际荷载条件下可以施加准静力移动荷载，即低匀速荷载。在准静力荷载作用下，桥梁上部结构的位移或应变影响线近似为静力影响线，此时获得的影响线被称为准静力影响线。He 提出了一种利用准静力位移影响线的损伤诊断方法，可以快速定位和定量损伤，该定位方法不需要有限元模型。He 提出了一种基于准静力影响线的损伤定位指标来对桥梁损伤进行定位，并详细研究了局部损伤位置对位移影响线结果的不同影响。Chen 提出了一种准静力应变影响线的损伤定位方法，并将其应用于实际悬索桥。He 在没有使用基准有限元模型的情况下，采用准静力位移影响线和应变影响线技术对桥梁进行损伤定位，并对该方法的可行性、有效性和局限性进行了数值和试验研究。

尽管在理论上，准静力应变影响线可以有效地定位桥梁的损伤，如上文所讨论的。但有限数量的测点阻碍了它们在实际桥梁中的应用。众所周知，应变能反映结构的局部变形，因此，除非恰好在测点附近发生损伤，否则传统的应变传感器不能有效地检测损伤。为了克服这一问题，布里渊散射的分布式光纤传感技术（BOTDA）与准静力应变影响线相结合，以提供足够数量的测量应变测点。与传统应变测量技术不同的是，基于 BOTDA 技术的传感器可以量测整个光纤长度上的应变，测量范围约为 100km，测量得空间分辨率约为 1 cm。利用高空间分辨率这一特点，已经成功地应用在裂缝损伤识别中。同样，如果在准静力荷载条件下，BOTDA 技术可以在不同的测量条件下提供足够数量的测点。因此，BOTDA 技术可以有效地扩展实测准静力应变影响线的数量，用于实际梁桥的损伤定位。

此外，两个方面也影响了准静力影响线的应用。一方面，在桥梁的实际荷载试验中，很难避免损伤前后的准静态荷载条件不一致。另一方面，在进行荷载试验时，应尽量减小测量噪声对拟静态应变影响线的影响。基于影响线的准静力损伤识别技术的准确性和鲁棒性主要取决于桥梁损伤前后加载条件的一致性，即损伤前后的准静力加载条件应为完全相同。但在实际桥梁荷载试验中，上述荷载条件难以实现。而 Liu 提出了一种基于 BOTDA 技术的应变影响线损伤定位方法，使用准静力应变影响线构造了一个损伤定位因子，该损伤定位因子与损伤前后加载车辆的重量无关。此外，由于应变反映了结构的局部性能，需要使用足够数量的传感器才可以准确定位桥梁的损伤，而 BOTDA 技术能够使传感光纤沿桥梁上部结构纵向放置，且具有高空间分辨率的测量点和长距离测量的特点，以保证在桥梁结构上获取具备多测点的准静力应变影响线。

### 1.3.2 基于有限元模型驱动的结构损伤诊断方法

基于有限元模型的方法是指，利用结构的有限元或者物理模型，将实际结构监测中获得的动力响应转化为模态参数或结构参数，其结果往往具有物理意义。目前，基于有限元模型的损伤诊断有两种实现方式：①识别模态域的损伤诊断算法，使用具有物理意义的结构模型，从结构的响应中提取多阶模态参数，找到与有限元识别的几阶模态近似的模态作为具有物理意义的识别模态，通过损伤前后识别的模态参数的变化来评价结构的状态。②有限元模型修正法算法，使用结构的有限元模型，将解析结果与采集到的监测数据作比较，通过不断的修正有限元模型的刚度分布，得到结构真实状态，通过比较损伤前后解析参数的变化，来实现结构的损伤判别。

#### 1.3.2.1 识别模态域的损伤诊断算法

识别模态域的损伤诊断算法，也称动力指纹法，只需要比较损伤前后识别的模态参数的变化来诊断损伤，该方法具有计算简单，物理意义明确的优势，该方法按照所使用的模态参数不同，主要可分为基于固有频率的方法、基于振型的方法及基于柔度的方法。

固有频率是最基本的模态参数，其主要优点是，①相较于其他模态参数，固有频率比较容易获得；②与其它模态参数相比，固有频率受外界因素影响相对较小，能够直接反映结构状况。Cawley 较早使用固有频率做损伤识别，发现固有频率的变化只与损伤位置有关，而与损伤大小无关。Wang 通过研究发现一定范围内的固有频率对损伤比其他范围的固有频率更敏感。Stubbs 使用固有频率信息进行了损伤定位。Hearn 研究发现固有频率任意两阶的比值与损伤位置有关联。采用固有频率进行损伤识别有大量的应用研究。然而，基于固有频率的方法也存在不足。低阶固有频率往往代表结构的整体属性，因此不能识别损伤的位置。同时，越低阶的固有频率对损伤越不敏感，而高阶频率又难以获得。但低阶固有频率相较于其他模态参数，却是最稳定的模态参数。

振型相较于固有频率，其不易准确获得，但对损伤敏感。利用振型对结构进行损伤识别主要分两类，一是比较损伤前后振型的变化，二是计算模态置信保证准则（MAC）和坐标模态保证准则（COMAC），损伤会令这两个准则的数值发生改变。MAC 和 COMAC 方法使用简便，但缺少物理意义。同时，能够识别模型自由度数远小于实际真实的自由度，这使得识别的振型个数远远小于真实值，从而导致损伤信息的丢失，造成损伤识别的精度不够高。

柔度矩阵，通过识别的低阶固有频率和低阶振型来确定。因此柔度矩阵适合做损伤定位，通过比较损伤前后柔度矩阵的变化，可以定位结构的损伤。Denoyer 改进了柔度残差矩阵，构造可控自由度的静力柔度残差函数。Bernal 首次提出了损伤定位向量（DLV）方法。该方法通过比较损伤后柔度矩阵的变化值，可以定位出损伤，通过数值模拟证明该方法可同时识别多处损伤。但 DLV 方法需要已知激励，而通常的环境激励是无法获得的。随后，Bernal 于 2006 年又提出了 SDLV（Stochastic Damage Locating Vectors）法，即随机激励下的损伤定位向量法，通过该方法很好地解决了环境激励下无法获得已知激励的问题，使得这项思路更好地应用于实际工程试验中。在此之后，众多学者应用 DLV 方法进行结构的损伤定位并对此方法进行了改进。

#### 1.3.2.2 基于模型修正的损伤诊断算法

模型修正的目的是为使模型数据与试验得到的数据更为匹配，进而对质量、刚度与阻尼矩阵进行修正。该方法分为：直接法、灵敏度方法与基于代理模型的修正方法。

直接法的基本原理与最优矩阵修正法的基本原理相同，即基于特定的约束条件下，修正后的模态参数矩阵可以通过对某一目标函数直接求解来获得。如基于最小范数理论的 Berman—Baruch 矩阵修正法、最小范数摄动法、拉格朗日乘子法与最小序摄动法，这些都为直接法的代表性理论。Chen 等提出了基于最小化结构特性扰动矩阵范数的损伤识别方法，进而准确诊断结构损伤的位置及程度。Zimmerman 在最优矩阵修正法的基础上提出了基于最小秩扰动理论的结构损伤识别算法。Doebling 指出最小秩法的应用效果优于最小范数法。该方法成功地保证了结构特性矩阵的正定性、对称性与稀疏性，然而仍然没有很好地解决关于如何针对数据的误差以及在稀疏条件下对单元结构参数进行精确的识别这一重要问题。

基于灵敏度的有限元模型修正法攻克了直接法存在的缺陷，并且由于其能够得到具备物理意义的修正结果，使之应用较为广泛。在基于灵敏度的方法中，首先是要建立可以表示试验的数据与物理系统响应的解析解之间差异的目标函数。这种差异可以通过结构模态特性的相对变化量表示，然后为了将上述差异最小化，进一步采用有效的优化算法。因此，有限元模型的修正问题是一种优化反问题，也就是通过对修正参数进行的最优调整使残差最小化。当具体实施时，首先是要将灵敏度矩阵建立完毕，得到残差对校正系数的一阶导数即得到矩阵元素；与此同时，鉴于修正参数与模态特性之间呈非线性的关系，所以一定要对模型参数运用迭代方式进行修正。胡斌采用了基于灵敏度的有限元修正分析技术对某隔震桥梁进行了模型的修正。张纯通过灵敏度分析的方法对有限元模型进行了修正，提出了一种可以同时对实测模态与结构模型进行修正的结构损伤识别方法，数值算例表明此方法能够有效提高损伤识别的精度，极大减小噪声影响。但是，将其与传统的灵敏度模型修正方法进行对比可知，在修正复杂结构的模型时，存在一定的局限性：①灵敏度矩阵的构建难度较大，而且当出现病态矩阵时，将产生优化过程不能收敛的结果；②优化迭代过程时，需要对有限元模型进行重复的计算，其计算量很大，以致于无法从根本上提高模型修正的效率。

为了提高对实际土木结构的有限元模型进行修正时的效率，学者提出了基于代理模型的结构有限元模型修正算法。宗周红基于响应面模型修正法，以下白石大桥为例进行了支座损伤识别。费庆国以响应面有限元模型修正法为基础修正了钢架的有限元模型，修正结果良好。李佰灵以一个实际结构为例进行修正，提出了基于响应面方法的多目标模型修正技术。刘瞻利用优化 Kriging 模型和重要抽样法提出了一种结构可靠度计算方法。

### 1.3.3 基于数据模型驱动的结构损伤诊断方法

基于数据模型方法指利用信号处理、统计理论对数据进行分析的方法。通过建立数据模型来辨识损伤，而不是使用结构的数学模型。获取数据模型的途径包括结构响应的信号处理、监测数据的统计分析及人工智能方法。下面将从这三个方面来详细介绍基于数据模型的损伤诊断方法。

#### 1.3.3.1 基于信号处理损伤诊断算法

基于信号处理的方法，是通过对监测响应信号做处理，来建立数学模型。信号处理方法包括，建立时间序列的预测模型，对信号做奇异值分解、主成分分析及小波分析等。该方法可以通过描述模态参数，对结构的健康状况进行评定。但一般情况下模态分析很难进行，这是因为噪声污染对输入输出信号产生影响，而且结构模型较复杂。根据环境激励作用下产生的随机数据，可以建立一种与如 ARMA、AR、MA 相似的时间序列模型，这样可以忽略结构的复杂性以及结构有哪些输入信号。通过对数学模型中所包含的结构模态参数信息进行提取，可以判断出结构状态。Yong 将某测点响应当作输入激励，建立了 AR 模型，根据其数值仿真结果，可以看出：此方法在可以较为快速地识别结构变化的同时，还可以判断出损伤的位置。Vanlanduit 基于奇异值在损伤前后所发生的变化，运用鲁棒奇异值分解法对损伤成功识别。Yan 通过预测模型的残差来判断结构健康与否，此方法可以同时分析线性与非线性模型。张纯运用了正则化方法，通过有效地抑制噪声对实测模态参数产生的影响，较为正确地对结构的损伤进行了识别。Nichols 基于描述相空间特点的相应维数与嵌入估计，提出了损伤指标，研究表明：嵌入估计针对损伤识别较为有效，而相应维数不可以作为可靠的损伤指标来应用。Hou 等运用了小波变换对结构进行了损伤检测与健康诊断；余竹等运用在移动荷载作用下采集到的损伤梁位移响应参数，进行了小波变换，并分析了不同损伤程度、荷载大小及噪声等因素的影响；钟儒勉等运用小波分析的消噪作用，综合奇异值分解的方法，提出了多尺度损伤识别的分析方法；Kim 和 Melhem 以一个全比例简支梁为例，运用连续小波变换对脉冲荷载作用下的梁的响应进行了分析，认为小波脊线的幅值与裂缝的展开有关。Yan 针对已损伤的复合材料板采用小波包技术对其振动信号进行了分析，探讨了损伤指数的最大值与损伤程度之间的关系。

#### 1.3.3.2 基于统计的损伤诊断算法

基于统计的异常检测方法，是假设给定的数据集将服从一个分布或者概率模型，再采用不一致性测试检测出待测数据是否服从于相应模型。Collins 于 1974 年最早使用概率统计方法运用在识别结构模态参数上。Ricles 建立了结构参数与结构动力特性之间的对应关系。Beck 提出了一个通常定义下的修正结构模型的贝叶斯估计，同时为了考虑每一个最优化模型全重的平均概率密度函数，而引入了一个渐近线的近似值。Doebling 采用 Monte Carlo 方法计算 95%置信度的模态频率、模态振型与模态曲率振型，并将此技术应用在 Alamosa Canyon 桥梁的损伤诊断当中。Hermans 于随机子空间的基础上，提出了运用假设检验的方法对损伤进行识别。Sohn 等在贝叶斯估计原理的基础上，提出了两种不同的损伤检测预警的设想。张启伟提出了一种基于统计模式识别技术的结构异常诊断方法。Trendafilove 提出了运用统计模式对损伤进行识别的方法，并能够依据损伤概率的大小断定出损伤的发生。Jyrki 于瑞士 Z24 大桥的实测数据中将模态参数提取出来，通过控制过程图例如 X 图、EWMA 图、CUSUM 图与 Shewhart 图等，对该桥的运营状况进行在线监测。Michael 基于加速度响应建立了 AR 模型，采用损伤前后模型的残差为损伤指标，采用均值X与Shewhart控制图检测出指标是否发生异常。Sohn针对传统的统计方法需预先获取数据概率分布这一现状，提出运用极值统计方法，此方法可以用于任意数据分布。

综上所述，基于统计的方法是在大量的不确定性信号的基础上完成的，统计模型需要在较多的先验知识与试验验证的前提下确定得到，例如数据分布情况、分布的参数与判断异常的阈值等。然而在大多数情况下，数据分布属于未知的，或者不可以通过任何标准分布描述清晰，所以存在不能精准地发现异常的现象。此外，大部分不一致性测试均针对的是单个变量，而实际情况下，获取的数据往往是多维的。

#### 1.3.3.3 基于智能算法的损伤诊断算法

基于统计的异常检测是假设数据的概率模型于检测过程中保持不变，因此并不能支持模式的自动更新。而基于机器学习的异常检测可以在待测数据检测结果的基础上，不断地对已有模型进行合理修正，来提高它的自适应能力。

基于神经网络的异常检测，神经网络方法最早于20世纪90年代开始使用并应用于结构异常检测。该方法的主要特点为：只依据结构诊断测试信息的数据，即可实现结构的损伤诊断；整体计算过程较快，可以满足实时诊断的需要；容错性好且抗干扰的能力较强，能降低实测引起的各种干扰的影响；由于具备自适应响应与自组织映射的性能，可以尽早发现异常；而分布式运行的特点能加快异常检测的速率。神经网络方法于工程结构损伤诊断中的应用较为普遍。如Kirkegaard基于损伤前后频率的改变，采用BP神经网络用于判定钢梁的损伤程度。Wu基于反应谱数据，运用BP网络对一个三层框架结构的损伤进行了有效识别。Mitsuru运用结构的层间相对位移与相对速度当作网络输入，而层间恢复力当作网络输出，提出损伤检测方法并验证了方法的有效性。Chen以一钢桁架桥梁模型为例，基于加速度响应训练网络进而对损伤进行识别。

虽然神经网络在结构损伤诊断中已有较为广泛的应用，但问题依然存在，例如测量数据不完善、测量误差与模型误差的影响，神经网络的收敛性与网络结构等问题均需要做进一步的研究。鞠彦忠采用神经网络方法针对建筑结构的损伤进行了有效识别，实验证明此方法对于未知的损伤，可以自动地给出新的识别输出。

基于支持向量机的异常检测，针对神经网络的不足之处，特别是在小样本条件下的泛化能力非常差，研究人员尝试在更高的层次上寻找一种效果更好的学习机器。Vapnik于20世纪90年代中期，成功地提出了一种基于统计学理论的支持向量机的方法，此方法与神经网络法相比，更具推广价值。李波提出了一种基于平均曲率模态与最小二乘支持向量机损伤识别的方法。赵世英提出了根据粒子群优化支持向量机方法，可以对斜拉桥主梁进行有效的损伤识别。刘扬提出一种基于支持向量机分类功能可靠度的计算方法，并且以四川某一大跨连续刚构桥为例，结合了蒙特卡罗数值模拟，同时验证了此方法的实用性。王昕运用支持向量机方法，对斜拉索的损伤位置与程度进行了分析与识别。通过计算获取预测函数，结果表明：其泛化性能较好，且预测任意未知样本时，相对误差在5‰内，建立了一个合格的回归模型。

## 1.4　桥梁结构安全评价技术的主要问题分析

虽然中小型桥梁结构安全快速检测与诊断方法的研究取得了一定的进展，但是这一研究目前已经进入了发展瓶颈期。

一方面，现有中小型桥梁安全评价技术存在如下问题：

(1) 桥梁结构安全快速评定方法单一

采用“一刀切”的思路，没有根据中小型桥梁结构性能状况的不同提出相应的快速评价方法。桥梁结构安全快速评价方法的根本思路在于找到现有桥梁结构静载检测的等效方法，不同结构性能的桥梁其等效方法亦不应该相同，而且很多状况较差的桥梁根本无法采用结构安全快速评价方法，现有方法往往忽视上述问题。

(2) 缺乏对桥梁结构动力反问题理论的深刻认识与理解

所提出的桥梁结构安全快速评价方法存在较大计算误差甚至错误。利用动载试验替代静载试验是一类桥梁结构安全快速评价的有效方法，该类方法主要利用结构有限元模型修正或刚度（柔度）识别等求解反问题的算法实现桥梁承载力评定。动力反问题的理论性较强，当缺乏对反问题理论的深刻认识时，容易导致基于反问题理论的评价方法出现问题。

(3) 缺乏突发事件后桥梁结构状态快速诊断的有效手段

地震、洪水及战时等突发事件后，各种救援物资的输送、军需品的运输以及人员大批撤离等都与灾区桥梁结构是否安全息息相关，而针对突发事件后桥梁结构状态的快速诊断目前还缺乏有效手段。

另一方面，中小型桥梁结构安全快速评价仍然面临巨大的挑战：

如何提出替代现有静力荷载试验的桥梁结构安全快速评价方法；如何利用低加载效率的荷载车所产生的结构响应快速判别及定位桥梁结构损伤；如何利用试验荷载下既有损伤桥梁结构响应快速准确推定结构极限承载能力等。

因此，针对现有中小型桥梁结构安全快速检测与评价方法所面临的问题及挑战，本书提出了准静力影响线法桥梁荷载试验的概念，即采用近似静载试验替代常规的桥梁荷载试验，实现短暂中断交通下桥梁结构安全的快速检测与评价。

# 第 2 章　准静力影响线法桥梁荷载试验技术

本章针对现有桥梁荷载试验方法需要长时间中断交通、现场检测工序复杂、经济成本高等问题，同时考虑自然灾害、重大交通事故、恐怖袭击等突发应急状况下桥梁结构安全快速检测评定的需求，规范准静力影响线法桥梁荷载试验检测方法，做到安全适用、经济合理，提出准静力影响线法桥梁荷载试验技术。

与现有桥梁荷载试验技术相比，本章所提技术能够大幅缩短桥面交通封闭时间、快速检测桥梁结构安全状况、降低桥梁荷载试验检测成本；同时，所提技术检测结果能够为桥梁结构承载力的评定提供依据。

## 2.1　准静力影响线法桥梁荷载试验概述

### 2.1.1　基本思想

准静力影响线法桥梁静力荷载试验是指在准静力加载方式下，施加与控制荷载等效的外加荷载，利用检测仪器测试桥梁结构控制截面变形的现场试验（以下简称准静载试验）。其中，准静力影响线是指在准静力加载方式下，桥梁主梁某一截面结构位移变化曲线。准静力影响线法桥梁荷载试验主要包括准静力影响线法桥梁静力荷载试验和桥梁动载试验。准静力影响线法荷载试验内容如图 2-1 所示。

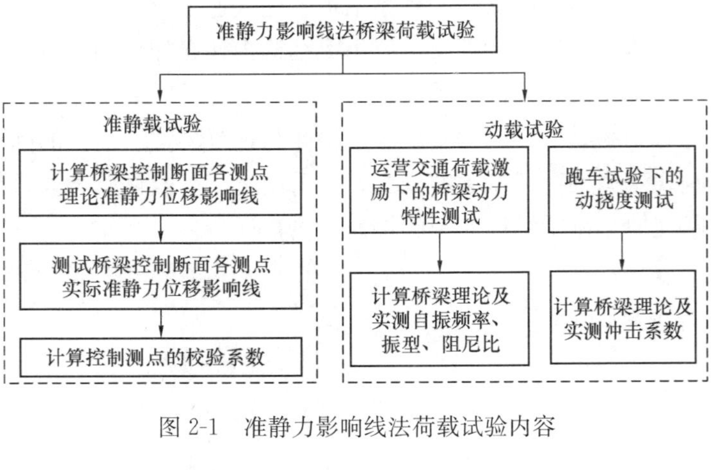


图 2-1　准静力影响线法荷载试验内容

如图 2-2 所示，在封闭交通条件下，采用单辆加载车或多辆加载车同步并排以恒定速度沿纵向通过桥梁的加载方式定义为准静力加载方式。当加载车的激励频率低于试验桥梁结构基频时，准静力加载过程可认为桥梁近似无限接近静力状态。假设桥梁两端为简支约束且在横向上由若干片梁组成，如图 2-2 所示。每一片梁沿纵向上设置 3 个测试断面，并在测试断面 $A$、$B$、$C$ 的梁底处各安装一个传感器，用于测量桥梁结构的竖向挠度。尽管加载车沿着纵向具有多个轴，但加载车辆仍可以视为一个集中的竖向荷载。因此，在准静力加载方式下，测试断面 $A$、$B$、$C$ 的竖向挠度时程曲线近似于这 3 个测试断面的静力挠度影响线，即本章定义的准静力影响线。

对于实际的桥梁，考虑荷载的横向分布，桥梁上部结构的每个测试断面存在多条挠度影响线。如图 2-2 所示，测试断面 $B$ 由若干片梁组成，每片梁可测试得到一条影响线，这些影响线共同构成了测试断面 $B$ 在准静力荷载作用下的影响面。此外，准静力荷载试验可根据现场试验条件选择非接触式或临时安装的传感设备测量结构响应；如果使用不同类型的传感器来测量桥梁结构响应信息，则可获得不同的准静力响应影响线，如应变影响线。

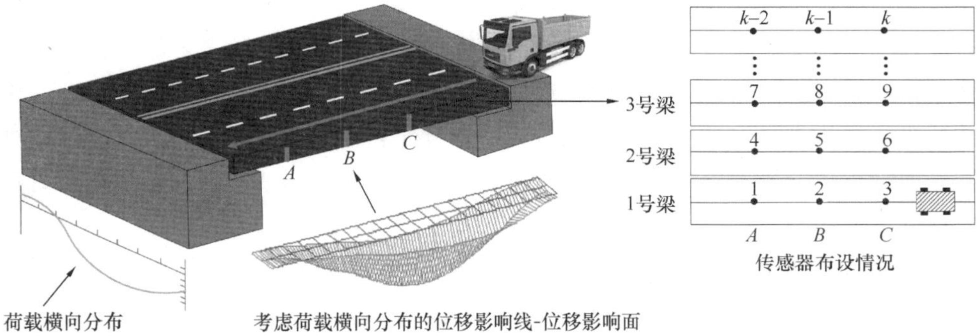


图 2-2　实桥准静力荷载试验示意图

通常情况下，为确保加载车能够激发桥梁结构的潜在损伤，加载车重量应该足够大。然而，对于实际的桥梁，尤其是技术状况较差的既有桥梁，过重的加载车可能会造成桥梁结构的进一步损伤。考虑待检测桥梁的实际技术状况，应根据具体情况确定加载车的载重。对于实际的桥梁，加载车的参考重量应首先采用传统荷载试验下的试验荷载；在此基础之上，通过评估桥梁的实际技术状况，可以将该参考重量调整到最终试验荷载。

对于不同的桥梁结构，加载车的速度可根据其基频大小进行选取。为了确保加载车的激励频率低于桥梁结构基频，应控制加载车辆的速度在 5～10km/h。为获得可靠的试验数据，加载车应保持相同的车速沿同一加载车道进行多次重复试验。与传统的桥梁荷载试验相比，准静力影响线法桥梁荷载试验的程序简单、持续时间短，避免了长时间中断交通，能够在短暂封闭交通条件下获取桥梁结构准静力响应影响线。利用该项技术，可实现短暂封闭交通条件下的桥梁结构荷载试验。

## 2.1.2　适用范围

所提技术适用于线弹性状态下的桥梁结构安全检测。根据对国内近 200 座城市中小型梁式桥的技术状况水平与本章所提技术检测结果的对比分析，提出适用于本技术的桥梁为按照现行行业标准《城市桥梁养护技术标准》(CJJ 99) 评定桥梁状况指数不低于 60 分的城市中小型梁式桥。

本技术适用的具体范围与对象说明如下：①对新建、改建、扩建的城市桥梁结构进行检测，为确定新建、改建、扩建的城市桥梁是否达到设计要求提供依据；②对既有城市桥梁结构进行检测，为确定既有城市桥梁的使用条件提供依据。同时，对于符合下列情况之一的既有城市桥梁，可采用准静力影响线法桥梁荷载试验进行检测：①拟提高荷载等级且满足本技术适用条件的桥梁；②需通过特殊重型车辆且满足本技术适用条件的桥梁；③遭受重大自然灾害或意外事件。

### 2.1.3 试验仪器

测试仪器主要分为接触式传感器和非接触式传感器。接触式传感器可选用基于电学、声学、光学、机械式等原理的测试仪器；非接触式传感器主要采用基于立体视觉和基于高分辨微波雷达的两类设备。基于立体视觉的位移测试是摄影测量的一种，即通过单个或多个摄像机拍摄到的图像，建立结构的客观信息，能够精准地测试结构的挠度变形；基于高分辨微波雷达的位移测试是利用高分辨雷达遥感成像和相位干涉测量技术，以电磁波为媒介对结构的微小形变量进行实时、动态、非接触的测量，数据精度高，无须部署靶标，环境适应性好。

同一次试验采用相同规格或型号的测试仪器，可减少针对不同测试内容更换测试仪器环节；同时，可减小不同测试仪器间的误差，提高测试工作的可靠性和试验效率。试验实施前应对测试仪器进行核查与标定，仪器误差不大于准静载试验预计测量值的5%。位移影响线测试传感器应满足表2-1的要求，桥梁动载试验数据采集仪器应满足表2-2的要求。

表 2-1 位移影响线测试仪器技术要求

| 量测内容 | | 仪表名称 | 最小分划值及精度 | 常用量测范围 | 备注 |
|---|---|---|---|---|---|
| 位移影响线 | 接触式测量 | 千分表 | 0.001mm | 0～10mm | 配置安装配件 |
| | | 百分表 | 0.01mm | 0～50mm | |
| | | 位移计 | 0.01～0.03mm | 20～100mm | 配置安装配件 |
| | | 连通管 | 0.1mm | <300mm | 配备测读仪器 |
| | 非接触式测量 | 微波测量雷达 | <0.1mm | <500mm | 最大作用量程距离>1000m；<br>最大探测视角>30° |
| 桥梁结构动力特性 | | 低频振动加速度传感器 | $5\times10^{-7}g$ | $-2\sim2g$ | 测试正常运营状况下桥梁结构振动加速度<br>灵敏度：≥0.3V/m/s²<br>通频带为：0.25～80Hz |

**表 2-2　桥梁动载试验数据采集仪器技术要求**

| 测量内容 | 仪器名称 | 技术参数 | 试验应用 |
|---|---|---|---|
| 桥梁结构动力特性 | 动态数据采集分析系统 | 1. 工作温度范围：−40～+60℃；<br>2. 工作湿度范围：10%～90%；<br>3. 电压或电流输入通道数可扩展；<br>4. 电压输入范围：−10～+10V；<br>5. 单通道最高采样率：1kS/s；<br>6. 通道分辨率：≥16 位 | 采集桥梁振动加速度电信号 |

## 2.2　准静力影响线法桥梁荷载试验的流程

### 2.2.1　桥梁准静载试验

（1）试验准备

在试验准备初期，需要通过实地调查与相关技术资料收集整理，掌握桥梁技术状况、病害成因、养护维修等情况。在此基础上，按照现行行业标准《城市桥梁养护技术标准》（CJJ 99—2017）对桥梁进行技术状况等级评定。

在完成待检测桥梁技术状况等级评定后，根据桥梁结构内力包络图，按最不利受力原则确定测试截面、拟定相应的试验工况。常见测试截面见表 2-3。改建后的桥梁宜根据桥梁加固、改造或置换区域增加相应的试验工况或测试截面；加固后的桥梁宜在典型裂缝位置处增加测试截面，并应确定相应的试验工况。

**表 2-3　不同结构形式桥梁的测试内容**

| 结构形式 | 测试内容 | 主要测试截面 | 附加测试截面 |
|---|---|---|---|
| 简支梁桥 | 位移影响线<br>支点沉降 | 跨中截面 | 1/4 跨截面 |
| 连续梁桥 | 位移影响线<br>支点沉降 | 主跨最大正弯矩截面<br>边跨最大正弯矩截面 | 主跨 1/4 跨截面<br>边跨 1/4 跨截面 |
| 悬臂梁桥 | 位移影响线<br>支点沉降 | 锚固孔最大正弯矩截面 | 挂孔跨中截面 |
| 连续刚构桥 | 位移影响线<br>支点沉降 | 主跨最大正弯矩截面<br>边跨最大正弯矩截面 | 主跨 1/4 跨截面<br>边跨 1/4 跨截面 |

试验应采用准静力加载方式进行加载，加载车辆采用三轴载重汽车，装载的重物稳妥置放，加载车辆单轴质量不应超过现行国家标准《汽车、挂车及汽车列车外廓尺寸、轴荷及质量限值》（GB 1589—2016）的规定，记录加载车辆的车重、轴重、轴距及轮重。根据试验目的确定控制荷载和试验荷载，当评定桥梁结构在原设计荷载作用下的承载能力状况时，采用设计荷载作为控制荷载；当评定桥梁结构在拟改变荷载等级作用下的承载能力

状况时，采用所期望的目标荷载作为控制荷载。

受加载车行驶安全条件的限制，实际试验荷载布置与控制荷载会有所不同，为保证试验效果，采用试验荷载效率控制。对验收性荷载试验，宜为 0.85～1.05；对鉴定性荷载试验，宜为 0.95～1.05。冲击系数与桥面平整度、车辆动力特性、行车速度等因素有关。在准静载试验的实际工况荷载作用下，加载车辆以低速通过桥梁产生的冲击效应小于桥梁结构设计时计入的冲击效应，为了避免试验荷载过大导致准静载试验对桥梁结构造成损伤，在计算试验荷载效率时，对控制荷载作用下的控制截面效应值不计冲击系数，如式(2-1)：

$$\lambda = \frac{S_{\mathrm{stat}}}{S_{\mathrm{k}}} \tag{2-1}$$

式中　$S_{\mathrm{stat}}$——试验荷载作用下，某一加载试验工况对应的加载控制截面内力或位移的最大计算效应值；

$S_{\mathrm{k}}$——控制荷载作用下，同一加载控制截面内力或位移的最不利效应计算值（不计冲击）。

测点的布设需要反映准静力加载方式下桥梁主梁竖向位移变化规律记忆桥梁横向挠度分布特征，整体式截面的测点横向布置不宜少于 3 个，多梁式（分离式）截面的测点横向布置宜逐片梁布置；对于常见结构形式，测点横向布置宜按表 2-4 确定。

**表 2-4　主梁位移测点横向布置**

| 结构类型 | 位移测点横向布置图 | 位移测点数 |
|---|---|---|
| 整体式实心板梁 | 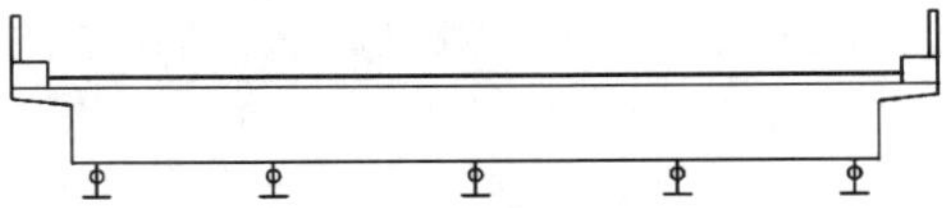 | 横桥向不少于 3 个 |
| 整体式空心板梁 | 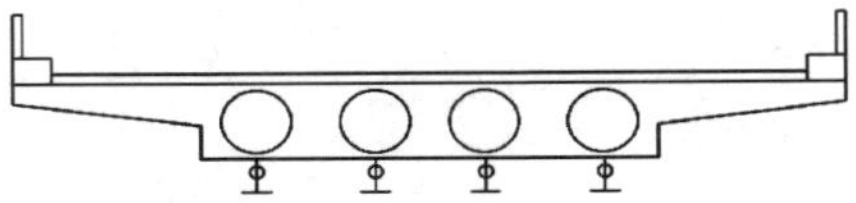 | 横桥向不少于 3 个 |
| 装配式空心板梁 | 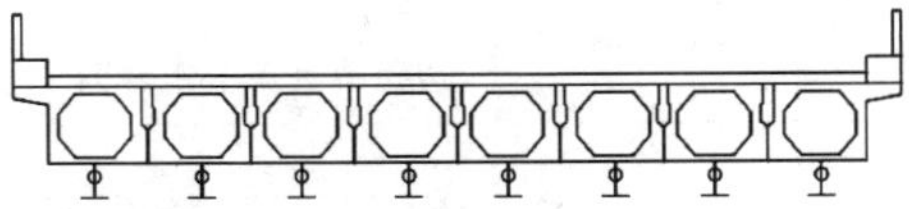 | 横桥向每片梁底不少于 1 个 |
| 钢筋混凝土 T 梁 | 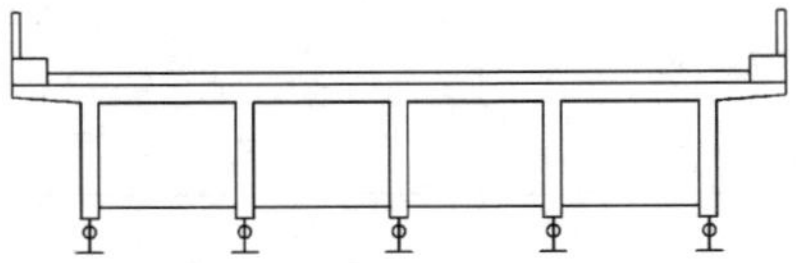 | 横桥向每片梁底不少于 1 个 |
| 预应力钢筋混凝土 T 梁 | 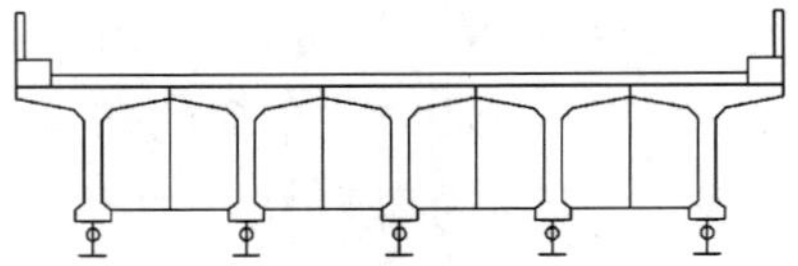 | 横桥向每片梁底不少于 1 个 |

续表

| 结构类型 | 位移测点横向布置图 | 位移测点数 |
| --- | --- | --- |
| I 形梁 | 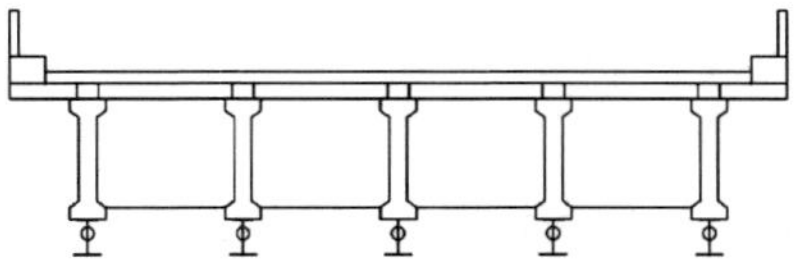 | 横桥向每片梁底不少于 1 个 |
| π 形梁 | 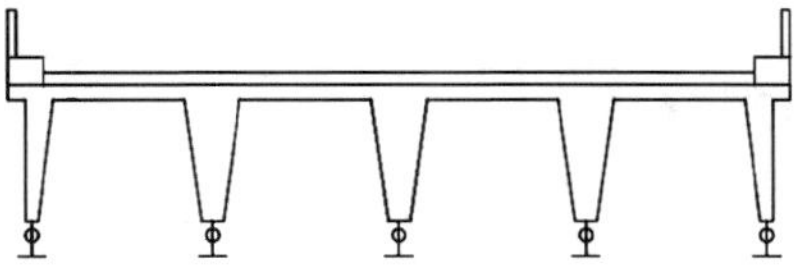 | 横桥向每片梁底不少于 1 个 |
| 装配式小箱梁 | 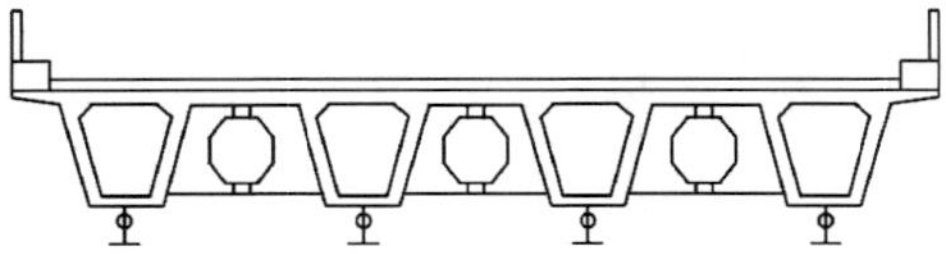 | 横桥向每片梁底不少于 1 个 |
| 整体式箱梁 | 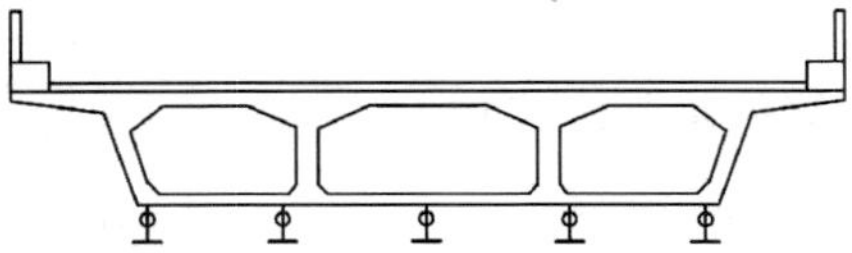 | 横桥向不少于 3 个 |

（2）试验实施

首先需要进行现场测点的布置与调试，当采用有线传感器时，需要控制电缆线长度，避免因电缆线电阻过大而干扰信号精度；当采用接触式传感器时，需要根据现场条件确定传感器与桥梁的连接方式，保证传感器与桥梁结构紧密连接。当采用接触式传感器时，位移传感器支座应与结构完全脱离，传感器量程需要满足测试结构变形的要求；当采用非接触式测试仪器时，支架需要牢固可靠。测试仪器安装完毕后，进行系统调试，不少于 15 min 地稳定观测。

加载车沿桥梁纵向行进路线需要标记明确，夜间实施加载试验时，采用必要的照明设施或使用具有反光功能的标记材料。正式加载前进行预加载试验，一方面可以检查桥梁支座工作状况，另一方面可检测试验仪器的可靠性和工作性能。预加载结束后按照计算的测试工况进行正式加载试验，同时记录测试时间，环境温、湿度等信息。为了确保加载车的激励频率低于桥梁结构基频，即加载过程中桥梁无限接近静力状态，加载车的恒定车速在 5～10km/h 范围内选取，数据测试采样频率不宜低于 100Hz，保证数据分析所需的足够数据长度。在加载试验完毕后，需要对结构薄弱部位进行人工检查。

（3）试验结果分析

加载试验完毕后，需对准静载试验测试数据进行分析，计算结构位移响应影响线的实测积分值和校验系数。为了保证测试准静力位移影响线具备足够精度，需要采用低通滤波或减弱噪声算法对数据进行预处理。试验过程中若有支点沉降，竖向位移影响线数据应考虑整体修正，修正量的计算方法应按式（2-2）计算：

$$C=\frac{l-s}{l}\cdot a+\frac{s}{l}\cdot b \tag{2-2}$$

式中　$C$——测点的支点沉降修正量；

$l$——测试桥跨的计算跨径，$A$ 支点到 $B$ 支点的距离；

$a$——$A$ 支点沉降量；

$b$——$B$ 支点沉降量；

$s$——挠度测点到 $A$ 支点的距离。

控制测点的校验系数按式（2-3）计算，且该值应符合表 2-5 的取值范围。$\zeta$ 小于 1，说明桥梁结构工作性能较好，桥梁结构承载能力存在一定的安全储备；$\zeta$ 等于 1，说明实测值与计算值完全符合，桥梁结构承载能力不具备安全储备；$\zeta$ 大于 1，说明桥梁结构工作性能不佳，判断为桥梁结构承载能力不足。

$$\zeta=\frac{D_e}{D_a} \tag{2-3}$$

式中　$\zeta$——控制测点的校验系数；

$D_e$——控制测点的测试准静力位移影响线积分值；

$D_a$——控制测点的理论计算位移影响线积分值。

**表 2-5　常见桥梁结构试验校验系数常值表**

| 结构形式 | 桥梁类型 | 校验系数 |
|---|---|---|
| 简支梁桥 | 钢筋混凝土板桥 | 0.20～0.50 |
| | 钢筋混凝土梁桥 | 0.50～0.90 |
| | 预应力混凝土梁桥 | 0.70～1.00 |
| 连续梁桥 | 钢筋混凝土板桥 | 0.20～0.50 |
| | 钢筋混凝土梁桥 | 0.50～0.90 |
| | 预应力混凝土梁桥 | 0.70～1.00 |
| 悬臂梁桥 | 预应力混凝土梁桥 | 0.70～1.00 |
| 连续刚构桥 | 预应力混凝土梁桥 | 0.70～1.00 |

控制测点的测试准静力位移影响线积分值按式（2-4）计算：

$$D_e=\int_0^L f_e(x)\mathrm{d}x \tag{2-4}$$

式中　$f_e(x)$——测试准静力位移影响线；

$L$——简支梁桥的计算跨径或连续梁桥所有跨的计算跨径总和；

$x$——沿试验桥梁纵向的位置坐标，$0\leqslant x\leqslant L$；

$\int_0^L f_e(x)\mathrm{d}x$——测试准静力位移影响线的线积分，经过将其简化近似计算，可采用式（2-5）进行准静力位移影响线积分值：

$$D_e = \sum_{k=1}^{N}\left(|f_{ek}|\frac{L}{N-1}\right) \tag{2-5}$$

式中　$k$——测试准静力位移影响线的第 $k$ 个采样点；

$N$——测试准静力位移影响线的采样点数总和；

$f_{ek}$——第 $k$ 个采样点的测试准静力位移影响线幅值。

控制测点的理论计算位移影响线积分值按式（2-6）计算：

$$D_a = \int_0^L f_a(x)\mathrm{d}x \tag{2-6}$$

式中　$f_a(x)$——理论计算的准静力位移影响线；

$\int_0^L f_a(x)\mathrm{d}x$——理论计算的准静力位移影响线的线积分，作为结构等效弹性位移值，经过将其简化近似计算，可采用式（2-7）进行准静力位移影响线积分值：

$$D_a = \sum_{k=1}^{N}\left(|f_{ak}|\frac{L}{N-1}\right) \tag{2-7}$$

式中　$f_{ak}$——第 $k$ 个采样点的理论计算准静力位移影响线幅值。

采用控制测点准静力位移影响线积分测试值的最大值 $D_{emax}$ 与横向各控制测点准静力位移影响线积分测试值的平均值 $\overline{D}_e$，按式（2-8）计算实测横向增大系数。横向增大系数反映了桥梁结构荷载不均匀分布程度。$\xi$ 值越小，说明荷载横向分布越均匀，横向联系构造越可靠；$\xi$ 值越大，说明荷载横向分布越不均匀，横向联系构造越薄弱。

$$\xi = \frac{D_{emax}}{\overline{D}_e} \tag{2-8}$$

式中　$\xi$——横向增大系数。

### 2.2.2　桥梁动载试验

（1）试验准备

桥梁动载试验主要测试桥梁结构动力特性和冲击系数。动力特性测试采用运营条件下的交通荷载作为激励，主要包括桥梁结构的自振频率、振型、阻尼比；冲击系数测试采用封闭条件下的无障碍行车作为激励。因此，试验准备阶段应计算桥梁理论冲击系数、频率、阻尼比、振型等。

结构冲击系数测试按照行车动力响应最大的原则选取测试截面，每个测试截面加速度测点不应少于 1 个。对于桥面较宽的桥梁，应考虑桥梁结构的扭转振型，增加每个测试截面加速度测点。每个测试截面动挠度测点不应少于 1 个。采用单辆或多辆车加载，每个试验工况宜重复 2～3 次。动载试验前，对测试系统的稳定性进行检查，根据实际交通情况对仪器参数进行调整设置。

根据计算结构振型特征确定桥梁动力特性的测试截面，宜按照桥梁跨径进行 8 等分或

16 等分。典型梁式桥动力特性的测试截面宜按表 2-6 ~ 表 2-8 确定。

**表 2-6　简支梁桥动力特性测试截面选取方案**

| 自振频率阶数 | 测试截面位置 |
|---|---|
| 1 | $L_1/2$ |
| 2 | $L_1/4$、$3L_1/4$ |
| 3 | $L_1/6$、$L_1/2$、$5L_1/6$ |

注：表中 $L_1$ 为简支梁桥的计算跨径。

**表 2-7　两等跨连续梁动力特性测试截面选取方案**

| 模态阶数 | 至少需要传感器数 | 测点布设在桥跨中的位置 |
|---|---|---|
| 1 | 2 | $L_2/4$、$3L_2/4$ |
| 2 | 4 | $L_2/8$、$3L_2/8$、$5L_2/8$、$7L_2/8$ |
| 3 | 6 | $L_2/12$、$L_2/4$、$5L_2/12$、$L_2/2$、$7L_2/12$、$3L_2/4$、$11L_2/12$ |

注：表中 $L_2$ 为连续梁桥的跨径总长。

**表 2-8　三等跨连续梁动力特性测试截面选取方案**

| 模态阶数 | 至少需要传感器数 | 测点布设在桥跨中的位置 |
|---|---|---|
| 1 | 3 | $L_2/6$、$L_2/2$、$5L_2/6$ |
| 2 | 6 | $L_2/12$、$L_2/4$、$5L_2/12$、$L_2/2$、$7L_2/12$、$3L_2/4$、$11L_2/12$ |
| 3 | 9 | $L_2/18$、$L_2/6$、$5L_2/18$、$7L_2/18$、$L_2/2$、$11L_2/18$、$13L_2/18$、$5L_2/6$、$17L_2/18$ |

注：表中 $L_2$ 为连续梁桥的跨径总长。

（2）试验实施

首先需要现场测点的布置与调试，进而按照计算的测试工况进行正式加载试验。结构冲击系数测试加载车的行车速度宜在 5～80km/h 范围内选取（按 10km/h 间隔递增选取），车速宜在桥联（孔）上保持恒定。动力特性测试需采集测点处运营环境荷载下的加速度响应。

动载试验过程中，应根据测试结果，实时判断测试数据是否存在异常，当发现幅值异变、零点严重偏离与异常电磁干扰时应终止试验，排除异常情况后再进行试验。

（3）试验结果分析

桥梁动力响应测试由于采样频率较高，试验数据会有测试噪声干扰，在测试数据采集完成后，首先对测试动挠度与加速度数据进行预处理。可采用异常数据剔除、重采样分析、滤波等方法，提高测试数据的精度；采用异常数据剔除方法可剔除测试数据中的异常值，提高测试数据质量；重采样技术可提高采样分辨率，建立多种采样频率的信号，提高信号的采样精度；低通滤波算法可去除高频率不相关信号数据，减弱噪声的影响，提高测试数据信噪比。

在完成测试加速度数据的预处理后，采用与环境激励相结合的模态参数识别方法分析得到桥梁结构自振频率、阻尼比及振型。环境激励技术与模态参数识别方法相结合可解决不中断交通条件下的桥梁结构模态参数（频率、阻尼比、振型）识别问题。首先，采集不中断交通条件下桥梁结构振动加速度响应；然后，分别做任意测点加速度响应的自相关函数，并选定任意一个测点为参考点，计算其他测点与参考点测试加速度响应的互相关函数；最后，利用上述测点响应之间的自相关函数与互相关函数构造桥梁结构脉冲响应函数，进而识别桥梁结构模态参数。环境激励下模态参数识别的方法建议采用随机子空间方法、系统特征实现算法及频域分解法等。

根据动挠度曲线分析测试冲击系数，并按照式（2-9）计算，最大动挠度值 $d_{\max}$ 可通过动挠度曲线直接读取，最大静挠度值 $d_{\mathrm{stat}}$ 宜通过如下三种方法获取：有限元模型计算、低通滤波法与经验模态分解法。

$$\mu = \frac{d_{\max}}{d_{\mathrm{stat}}} - 1 \tag{2-9}$$

式中　$\mu$——冲击系数；

$d_{\max}$——车辆行驶时，动态车辆荷载作用下测点的最大动挠度值；

$d_{\mathrm{stat}}$——车辆静止时，静态车辆荷载作用下测点的最大静挠度值。

在上述计算的基础上，需分析与整理以下内容：①各试验工况下动挠度和加速度的实测时程曲线及相关统计数值；②桥梁结构频响函数图；③桥梁测试自振频率和计算频率的数值对比分析；④冲击系数和车速的相关曲线图。频响函数曲线对于识别桥梁结构的频率具有指导作用，利用该曲线可以对识别得到的模态参数进行初步校验；比较实测自振频率与理论计算频率值，当实测频率小于计算频率时，说明桥梁结构实际刚度小于理论刚度，应分析结构刚度退化原因；桥梁结构测试冲击系数与加载车辆的车速之间相关，综合比较不同车速下桥梁结构的测试冲击系数，确定鲁棒性较好的测试结果。

# 第 3 章　准静力影响线法桥梁结构损伤诊断的数值模拟研究

准静力影响线法桥梁荷载试验技术能够提供本章所提及的桥梁快速加载方式。依托该项技术，首先，利用矩阵零空间理论，提出基于准静力挠度影响线的桥梁结构损伤诊断算法；其次，采用数值模拟算例，详细讨论了桥梁结构损伤前后加载车非一致性、算法鲁棒性及抗噪能力等关键问题，对比验证了所提算法的有效性；在此基础上，面向分布式布里渊光纤传感技术，拓展算法具备处理高密度应变测试信息的能力，提出基于准静力应变影响线的桥梁结构损伤诊断算法，并采用数值模拟算例验证了算法的有效性。

## 3.1　基于准静力挠度影响线的零空间损伤诊断方法

### 3.1.1　桥梁结构静力挠度影响线的基本理论

桥梁竖向挠度影响线是指桥梁主梁上某一指定断面的竖向挠度随单位移动荷载位置变化而变化的规律曲线。该规律曲线无量纲，可以利用叠加原理得到实际移动荷载作用下该断面的挠度变化曲线。如图 3-1 所示，当桥梁结构发生局部损伤时，引起结构局部刚度的缩减，由于挠度指标是全局量，局部刚度的缩减也会导致结构整体竖向挠度值的增大，从而改变挠度随移动荷载位置的变化规律，即通过挠度影响线形状的改变可以反映结构的损伤情况。

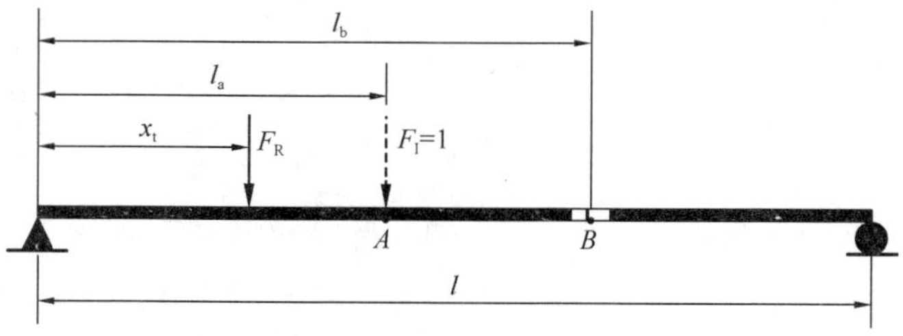


图 3-1　简支梁桥准静力加载示意图

如图 3-1 所示，假设一个简支梁桥的结构损伤位置断面 $B$，损伤在线弹性范围内变化，$A$ 点为挠度测试断面，主梁的刚度为 $EI$，在损伤位置处刚度缩减为 $EI_d$，$F_R$ 为沿桥梁纵向移动的准静力移动荷载，为求得 $A$ 点的竖向挠度，使用虚功原理，在 $A$ 点引入虚拟单位力 $F_I$，对于梁式桥结构而言，其主要变形为弯曲变形，因此，在不考虑剪切变形和轴向变形时，由虚功原理求得 $A$ 点的挠度影响线 $\omega_A(x)$，计算公式见式（3-1）：

$$\omega_A(x)=\int_0^l \frac{1}{EI(x)}M_A(x)M_R(x)\mathrm{d}x \tag{3-1}$$

式中　$x$——主梁上截面的位置；

$l$——桥梁主梁全长；

$M_A(x)$——在 $A$ 断面施加虚拟单位力 $F_1$ 时，主梁上任一断面的弯矩；

$M_R(x)$——准静力移动荷载 $F_R$ 作用下，主梁上任一断面的弯矩。

$M_A(x)$、$M_R(x)$ 弯矩表达式具体如下：

$$M_A(x)=\begin{cases}\dfrac{l-l_a}{l}x, & 0\leqslant x\leqslant l_a\\ -\dfrac{l_a}{l}x+l_a, & l_a\leqslant x\leqslant l\end{cases} \tag{3-2}$$

$$M_R(x)=\begin{cases}\dfrac{l-x_t}{l}F_R x, & 0\leqslant x\leqslant x_t\\ -\dfrac{x_t F_R}{l}x+x_t F_R, & x_t\leqslant x\leqslant l\end{cases} \tag{3-3}$$

式中　$l_a$——$A$ 断面到主梁左端点的距离；

$x_t$——$F_R$ 作用位置到梁左端点的距离。

$EI(x)$ 为结构刚度 $EI$ 的变化情况，当结构未发生损伤时，结构刚度 $EI$ 不变；当结构发生损伤时，结构刚度 $EI$ 的变化情况如下：

$$EI(x)=\begin{cases}EI_d & l_b-\upsilon\leqslant x\leqslant l_b+\upsilon\\ EI & x>l_b+\upsilon\\ EI & x<l_b-\upsilon\end{cases} \tag{3-4}$$

式中　$l_b$——$B$ 断面到梁左端点的距离；

$\upsilon$——$B$ 断面损伤范围。

损伤后挠度影响线的增量 $\Delta\omega_A(x)$ 可由式（3-5）计算：

$$\Delta\omega_A(x)=\omega_{A,U}(x)-\omega_{A,D}(x) \tag{3-5}$$

式中　$\omega_{A,U}(x)$——桥梁健康情况的挠度影响线；

$\omega_{A,D}(x)$——桥梁损伤情况下绘制的挠度影响线。

对式（3-6）继续展开可得

$$\Delta\omega_A(x)=\left(\frac{1}{EI_d}-\frac{1}{EI}\right)\int_{l_b-\varepsilon}^{l_b+\varepsilon}M_A(x)M_R(x)\mathrm{d}x$$

由式（3-6）可知，当损伤发生后，$A$ 断面的挠度影响线上的每一点都增加了 $\Delta\omega_A(x)$。因此，可利用损伤前后挠度影响线形状不同这一特点进行损伤诊断。

### 3.1.2　构造损伤特征 Hankel 矩阵

假设对一座桥梁进行一次挠度影响线采集试验，布置了 $n$ 个位移传感器，每个传感器测点采集得到 $m$ 个数据点，则由所有数据可组成 $m\times n$ 的矩阵 $\boldsymbol{Y}$，表达式如下：

$$\boldsymbol{Y}=\begin{bmatrix}X_{11} & X_{12} & \cdots & X_{1n}\\ X_{21} & X_{22} & \cdots & X_{2n}\\ \vdots & \vdots & \ddots & \vdots\\ X_{m1} & X_{m2} & \cdots & X_{mn}\end{bmatrix}_{m\times n} \tag{3-7}$$

式中 $\boldsymbol{Y}$——一次加载试验下的挠度影响线列向量的集合；

$m$——每一条影响线的测点数量；

$n$——传感器的数量。

$\boldsymbol{Y}$ 的每一行代表同一时刻，每一列代表同一传感器，即某一测点的挠度影响线 $\omega_a$，表达式如下：

$$\omega_a = [X_{1a}, X_{2a}, \cdots, X_{ma}]_{m\times 1}^{\mathrm{T}} \in R^{m\times 1}, a \in (1,2,\cdots,n) \tag{3-8}$$

根据式（3-7），对于桥梁某一确定横断面，可得到两个位移影响线之间的夹角，从中任取两个列向量和计算两个向量的夹角 $\beta_i$，如式（3-9）所示：

$$\beta_i = \sum_{j=1}^{n}\sum_{k=1}^{n} \omega_j{}^{\mathrm{T}} \cdot \omega_k / (\| \omega_j \| \times \| \omega_k \|), j \neq k \tag{3-9}$$

式中 $\omega_j$——矩阵 $\boldsymbol{Y}$ 中任意一个列向量，$j \in (1,2,\cdots,n)$；

$\omega_k$——矩阵 $\boldsymbol{Y}$ 中任意一个列向量，$k \in (1,2,\cdots,n)$；

$\| \cdot \|$——向量范数。

式（3-9）中，$\| \omega_j \|$ 按式（3-10）进行计算：

$$\| \omega_j \| = \sqrt{(X_{1j}^2 + X_{2j}^2 + \cdots + X_{mj}{}^2)} \tag{3-10}$$

将 $\beta_i$ 进行组装，可以得到矩阵 $\boldsymbol{\beta}$：

$$\boldsymbol{\beta} = \mathrm{sort}([\beta_1, \beta_2, \cdots, \beta_i, \cdots, \beta_s]) \tag{3-11}$$

式中 $\boldsymbol{\beta}$——所有夹角的有序排列集合；

sort(•)——按从小到大的有序排列；

$s$——夹角 $\beta_i$ 的个数，表达式如式（3-12）：

$$s = C_n^2 = n!/2!(n-2)! \tag{3-12}$$

向量 $\boldsymbol{\beta}$ 也是信息向量，含有采集到的全部影响线信息。本章所提方法的核心就是对向量 $\boldsymbol{\beta}$ 的改变量进行识别，因此，向量 $\boldsymbol{\beta}$ 应进行有序化排列，以保证每次待识别的 $\boldsymbol{\beta}$ 一致。本章建议对向量 $\boldsymbol{\beta}$ 按大小进行有序化排列，而不是按位置信息进行有序化排列。这是因为，在对称结构中对称位置是等效的，而按位置顺序排序会造成对称位置的不等效。

将向量 $\boldsymbol{\beta}$ 按照 Hankel 矩阵的形式进行排列，记为 $\boldsymbol{H}$，Hankel 矩阵的形式如下：

$$\boldsymbol{H} = \begin{bmatrix} \beta_1 & \beta_2 & \cdots & \beta_q \\ \beta_2 & \beta_3 & \cdots & \beta_{q+1} \\ \vdots & \vdots & \ddots & \vdots \\ \beta_p & \beta_{p+1} & \cdots & \beta_{p+q-1} \end{bmatrix} \tag{3-13}$$

式中 $p$——Hankel 矩阵的行数；

$q$——Hankel 矩阵的列数（$p < q$）。

由式（3-12）可知，构成向量 $\boldsymbol{\beta}$ 的元素个数 $s$ 与 Hankel 矩阵的参数 $p$、$q$ 存在关系，如式（3-14）所示：

$$s = p + q - 1 \tag{3-14}$$

同时，Hankel 矩阵的反对角线上的元素相同，即相邻两列错位排列。因此，Hankel 矩阵的每一列都是高度相关的，任取其中一列记为延迟向量 $\boldsymbol{\varphi}_b$，表达式如下：

$$\boldsymbol{\varphi}_b = [\beta_b, \beta_{b+1}, \cdots, \beta_{b+p+1}]_{p\times 1}^{\mathrm{T}}, b \in (1,2,\cdots,q) \tag{3-15}$$

$\boldsymbol{\varphi}_b$ 称为 Hankel 矩阵的延迟向量。由式（3-14）可知，延迟向量的长度为 $p$，延迟向量的个数为 $q$，且相邻的延迟向量之间高度相关。当延迟向量 $\boldsymbol{\varphi}_b$ 的长度 $p$ 很小时，相对的延迟向量 $\boldsymbol{\varphi}_b$ 的个数 $q$ 会相应地增加，每个延迟向量 $\boldsymbol{\varphi}_b$ 之间的关联程度越低；当延迟向量的长度 $p$ 越大时，相对的延迟向量 $\boldsymbol{\varphi}_b$ 的个数 $q$ 会相应地减少，每个延长向量 $\boldsymbol{\varphi}_b$ 之间的关联程度越高。

直接使用向量 $\boldsymbol{\beta}$ 进行损伤识别，可以看作 $p$ 取值为 1 的特殊形式的 Hankel 矩阵，延迟向量 $\boldsymbol{\varphi}_b$ 的长度 $p$ 为 1，当仅有一个 $\boldsymbol{\beta}$ 发生改变时，向量 $\boldsymbol{\beta}$ 中仅有 $1/s$ 的延迟向量发生变化，很难识别出向量 $\boldsymbol{\beta}$ 发生的变化。构造 Hankel 矩阵后，当仅有一个 $\beta$ 发生改变时，会有 $p/(s-p)$ 的延迟向量发生变化，如果 $p$ 取值接近 $s/2$ 时，几乎 Hankel 矩阵中全部的延迟向量都发生了变化，这将更容易识别出 $\beta$ 的变化。因此，建议对向量 $\boldsymbol{\beta}$ 按照 Hankel 矩阵的形式构造。

### 3.1.3　基于零空间的桥梁结构损伤诊断因子

桥梁健康状况下，取一次的试验数据作为基准状态，则在基准状态下，由向量 $\boldsymbol{\beta}$ 构成的 Hankel 矩阵，记为 $\boldsymbol{H}_r$，则有如下关系：

$$\boldsymbol{H}_r \boldsymbol{N}_r = 0 \tag{3-16}$$

式中　$\boldsymbol{N}_r$——$\boldsymbol{H}_r$ 的右零空间，$\boldsymbol{N}_r \in R^{q\times 1}$，其定义如式（3-17）：

$$\boldsymbol{N}_r = \mathrm{column}(\mathrm{null}(\boldsymbol{H}_r)) \tag{3-17}$$

式中　null(•)——取向量的零空间的任一列；

column(•)——矩阵任意一列。

另取 $M$ 次试验结果，记第 $c$ 次试验中由向量 $\boldsymbol{\beta}$ 构成的 Hankel 矩阵，记为 $\boldsymbol{H}_c$，以式（3-16）中的 $\boldsymbol{N}_r$ 作为对参考状态的比较，每次试验均乘以参考状态下 $\boldsymbol{H}_r$ 的右零空间 $\boldsymbol{N}_r$，得到残差向量 $\boldsymbol{\alpha}_c$，可由式（3-18）计算：

$$\boldsymbol{\alpha}_c = \boldsymbol{H}_c \boldsymbol{N}_r (\boldsymbol{\alpha}_c \in R^{p\times 1}, c \in (1,2,\cdots,M)) \tag{3-18}$$

桥梁健康状态下 $\boldsymbol{H}_c$ 记作 $\boldsymbol{H}_h$，桥梁损伤状态下记作 $\boldsymbol{H}_d$。如果桥梁结构未发生损伤，理想状态下，有如下关系：

$$\boldsymbol{H}_c = \boldsymbol{H}_r \tag{3-19}$$

由式（3-19）可知，残差向量 $\boldsymbol{\alpha}_c$ 为零向量；如果结构发生损伤，由式（3-6）可知，损伤影响线的增量 $\Delta\omega_{\mathrm{A}}(x)$ 与传感器位置的弯矩 $M_{\mathrm{A}}(x)$ 有关，桥梁结构损伤时，不同传感器位置增加的方向角不同，导致任意两测点的夹角方向 $\beta$ 会发生变化，$\boldsymbol{H}_c$ 与 $\boldsymbol{H}_r$ 会发生一个角度，不再平行，由式（3-15）及式（3-17）可得，$\boldsymbol{\alpha}_c$ 不再为零向量，而 $\boldsymbol{\alpha}_c$ 偏离零向量的多少取决于影响线增加的方向角，即结构发生的损伤程度。

由于式（3-17）得到的损伤残差是一个向量，为了更直观地判别这个残差的大小，取这个残差的范数作为第 $c$ 次试验的结构损伤诊断因子，表达式如下：

$$\gamma_c = \| \boldsymbol{\alpha}_c \| = \sqrt{\boldsymbol{\alpha}_c^{\mathrm{T}} \cdot \boldsymbol{\alpha}_c} \tag{3-20}$$

式中　$\gamma_c$——基于零空间的桥梁结构损伤诊断因子。

若重复桥梁加载试验 $K$ 次，则可定义健康状态下桥梁结构损伤诊断阈值，如式（3-21）所示：

$$\lambda=\frac{1}{K}\sum_{c=1}^{K}\gamma_c \tag{3-21}$$

式中　$\lambda$——桥梁结构损伤诊断阈值。

若第 $d$ 次桥梁加载试验时，按照式（3-20）计算得到结构损伤诊断因子 $\gamma_d$，此时可定义如下的桥梁结构损伤判别因子：

$$\begin{cases}¢_d=1 & (\gamma_d \geqslant \lambda)\\ ¢_d=0 & (\gamma_d < \lambda)\end{cases} \tag{3-22}$$

式中　$¢_d$——桥梁结构损伤判别因子，取值为 1 时，桥梁结构损伤记为 1；取值为 0 时，桥梁结构健康。

对于实际运营的桥梁集群而言，更适合采用定期对桥梁进行快速加载试验的方式，通过不断累积每次试验数据，采用基于统计理论的方法，实现对桥梁结构损伤的半在线诊断。此时，可以采用基于异常诊断的算法思想，具体描述如下：

在桥梁结构参考状态下，统计多次（假设为 $K$ 次试验）不同试验残差向量 $\boldsymbol{\alpha}_c$ 的均值：

$$\bar{\boldsymbol{\alpha}}=\frac{1}{K}\sum_{c=1}^{K}\boldsymbol{\alpha}_c \tag{3-23}$$

式中　$\bar{\boldsymbol{\alpha}}$——残差向量 $\boldsymbol{\alpha}_c$ 的均值向量。

在式（3-23）的基础上，采用式（3-24）计算其协方差矩阵：

$$\boldsymbol{\Theta}=\frac{1}{K-1}\sum_{c=1}^{K}(\boldsymbol{\alpha}_c-\bar{\boldsymbol{\alpha}})(\boldsymbol{\alpha}_c-\bar{\boldsymbol{\alpha}})^{\mathrm{T}} \tag{3-25}$$

式中　$\boldsymbol{\Theta}$——残差向量 $\boldsymbol{\alpha}_c$ 的协方差矩阵。

利用马氏距离，可建立如下的基于零空间的桥梁结构损伤诊断因子：

$$\gamma'_c=\sqrt{(\boldsymbol{\alpha}_c-\bar{\boldsymbol{\alpha}})\,\Theta^{-1}\,(\boldsymbol{\alpha}_c-\bar{\boldsymbol{\alpha}})^{\mathrm{T}}} \tag{3-26}$$

在参考状态下，可定义如下的桥梁结构损伤诊断阈值：

$$\lambda'=[\gamma'_1,\gamma'_2,\cdots,\gamma'_c,\cdots,\gamma'_K]_{0.95} \tag{3-37}$$

式中　$\lambda'$——桥梁结构损伤诊断阈值；

$[\cdot]_{0.95}$——取结构损伤诊断因子向量 $\{\gamma'_1,\gamma'_2,\cdots,\gamma'_c,\cdots,\gamma'_K\}$ 的 95%置信概率值。

待诊断状态下，对于第 $d$ 次桥梁加载试验的残差向量 $\boldsymbol{\alpha}_d$，按照式（3-27）计算得到结构损伤诊断因子：

$$\gamma'_d=\sqrt{(\boldsymbol{\alpha}_d-\bar{\boldsymbol{\alpha}})\,\Theta^{-1}\,(\boldsymbol{\alpha}_d-\bar{\boldsymbol{\alpha}})^{\mathrm{T}}} \tag{3-27}$$

利用式（3-22），通过比较 $\gamma'_d$ 与 $\lambda'$ 数值的大小，判断桥梁是否产生结构损伤。所提算法的整体流程图如图 3-2 所示。

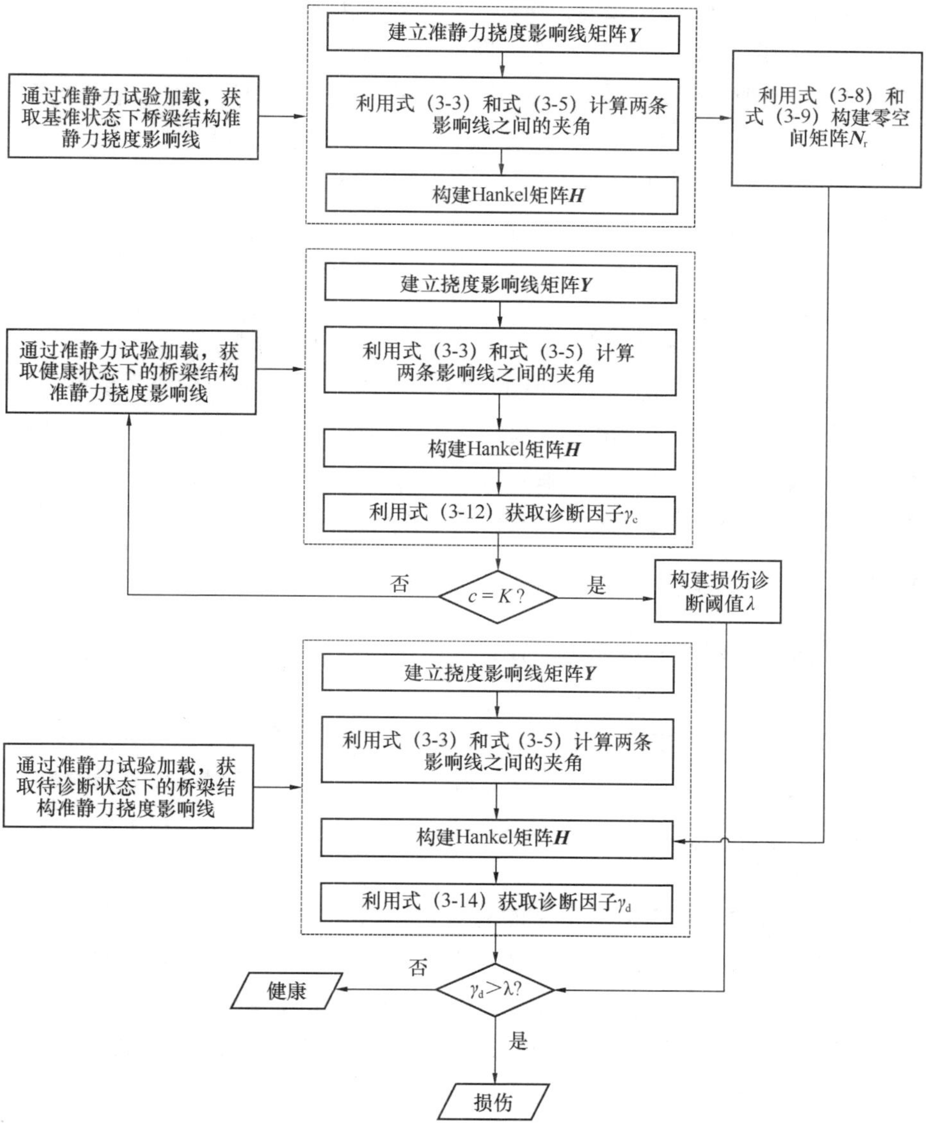


图 3-2　基于准静力挠度影响线的零空间损伤诊断算法流程图

### 3.1.4　桥梁结构损伤前后准静力加载条件的讨论

当桥梁结构损伤前后采用相同的加载条件时，利用健康状态和损伤状态下挠度影响线的差值，可以成功地诊断桥梁结构损伤；但是在桥梁准静力荷载试验的实施过程中，不可能保证每次试验荷载车的质量都保持不变。因此，在桥梁结构损伤前后的准静力荷载试验中，应当对加载条件进行讨论。

假定桥梁健康状态下，准静力影响线法桥梁荷载试验的外荷载为 $F_R$，而损伤后的准静力荷载为 $\mu F_R$，那么桥梁损伤后断面 $A$ 处的准静力影响线可以通过式（3-28）得到，即

$$\omega'_A(x_t)=\mu F_R\int_0^l \frac{1}{EI(x)}M_A(x)M'_R(x)\mathrm{d}x=\mu\omega_A(x_t) \tag{3-28}$$

式中　$\omega_A(x_t)$ ——桥梁断面 $A$ 处健康状态下的挠度影响线；

$\mu$ ——健康状态与损伤状态下准静力荷载比值；

$M'_R(x)$ ——准静力移动荷载 $\mu F_R$ 作用下，主梁上任一断面的弯矩，计算如式（3-29）：

$$M'_{\mathrm{R}}(x)=\begin{cases}\dfrac{l-x_t}{l}x, & 0\leqslant x\leqslant x_t\\ -\dfrac{x_t}{l}x+x_t, & x_t\leqslant x\leqslant l\end{cases} \tag{3-29}$$

根据式（3-28）和式（3-29），式（3-9）中定义的夹角可改写为以下形式：

$$\beta'_i=\sum_{j=1}^{n}\sum_{k=1}^{n}\mu^2\cdot\omega_j{}^{\mathrm{T}}\cdot\omega_k/\mu^2\cdot(\|\omega_j\|\times\|\omega_k\|),j\neq k \tag{3-30}$$

如式（3-30）所示，利用所提出的挠度影响线夹角进行桥梁结构损伤诊断时，损伤前后加载车辆质量差别的影响将被消除。当然，上述结论成立的前提是：产生结构损伤后的桥梁仍然近似于线性弹性状态。当桥梁结构损伤程度较大时，这个条件将不再适用。只要满足上述条件，采用本章所提方法诊断桥梁结构损伤时，所提方法对结构损伤前后加载车质量的差别不敏感。

## 3.2　算法有效性的数值模拟验证

利用损伤前后挠度影响线差值进行损伤诊断的方法十分常用，本节将利用一座损伤的实际桥梁作为研究对象，对该方法的识别效果进行评估，并与传统方法进行比较。

### 3.2.1　数值模拟算例简介

为了验证所提方法对结构损伤识别的有效性，利用 Midas Civil 建立混凝土简支梁有限元模型，来进行数值模拟计算。所建立的有限元模型如图 3-3 所示，将有限元模型划分为 60 个单元、61 个节点，每个单元长 0.5m，全桥长 30m，采用 C50 混凝土，混凝土弹性模量为 $3.45\times10^4$ MPa，截面为空心板梁，抗弯惯性矩为 $2.395\times10^{-2}$ m$^4$。有限元模型的具体参数如表 3-1 所示。

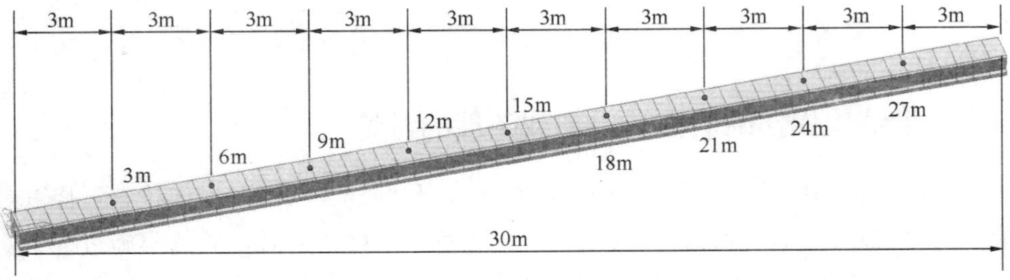


图 3-3　简支梁桥算例有限元模型图

**表 3-1　简支梁桥结构有限元模型参数信息**

| 参数 | 混凝土弹性模量 | 抗弯惯性矩 | 抗扭惯性矩 |
| --- | --- | --- | --- |
| 数值 | $3.45\times10^4$ MPa | $2.395\times10^{-2}$ m$^4$ | $4.353\times10^{-2}$ m$^4$ |

采用局部范围内抗弯刚度的缩减来模拟结构可能出现的裂缝损伤或者混凝土强度降低等损伤现象，从 1/10 跨开始每隔 3m 设一个可能的损伤位置，依次模拟不同位置发生损伤的单损伤情况。结构损伤范围为损伤点左右各 0.5m，结构损伤程度为 5%～15%。观测点位置也是从 1/10 跨开始每隔 3m 设置一个观测点，共有 9 个传感器，通过测试各个观测点的挠度随准静力移动荷载位置的变化曲线来进行结构损伤识别，桥梁健康状态下准静力荷载为 100kN，桥梁损伤状态下准静力荷载为 100kN 或者 50kN。

### 3.2.2　桥梁结构损伤诊断结果

数值模拟采用 Midas Civil 软件共模拟 405 条影响线，其中 100kN 移动荷载下，按损伤程度划分为 0%（健康）、5%、10%、15%四组，每组下又分为 9 种不同的损伤位置，每种损伤位置工况下采集 9 个不同观测点的挠度影响线，324 条影响线。其中 50kN 移动荷载下损伤程度为 5%的数据 1 组，81 条影响线。

100kN 移动荷载下共有 45 种工况，每种工况下的 9 条挠度影响线，采用所提方法利用公式（3-9）计算向量夹角，再利用公式（3-11）构造 Hankel 矩阵，最后利用公式（3-16）计算损伤指标，每种工况 1 个损伤指标，共有 45 个损伤指标，损伤指标的计算借助 MATLAB 软件得到，具体结果见表 3-2 及图 3-4。50kN 移动荷载下共有 9 种工况，按照所提方法利用公式（3-16）计算的损伤指标与 100kN 移动荷载的结果一致，具体结果见表 3-2 及图 3-4。

**表 3-2　移动荷载为 100kN 的损伤指标（损伤程度 5%）**

| 损伤程度 | 损伤位置 | 损伤诊断因子 | 损伤程度 | 损伤位置 | 损伤诊断因子 |
|---|---|---|---|---|---|
| 0% | 3m | $1.147\times10^{-16}$ | 10% | 3m | $7.604\times10^{-4}$ |
| | 6m | $1.280\times10^{-16}$ | | 6m | $5.779\times10^{-4}$ |
| | 9m | $1.304\times10^{-16}$ | | 9m | $4.689\times10^{-4}$ |
| | 12m | $1.271\times10^{-16}$ | | 12m | $4.716\times10^{-4}$ |
| | 15m | $1.167\times10^{-16}$ | | 15m | $2.020\times10^{-4}$ |
| | 18m | $1.396\times10^{-16}$ | | 18m | $4.716\times10^{-4}$ |
| | 21m | $1.340\times10^{-16}$ | | 21m | $4.689\times10^{-4}$ |
| | 24m | $1.254\times10^{-16}$ | | 24m | $5.779\times10^{-4}$ |
| | 27m | $1.174\times10^{-16}$ | | 27m | $7.604\times10^{-4}$ |
| 5% | 3m | $3.610\times10^{-3}$ | 15% | 3m | $1.205\times10^{-3}$ |
| | 6m | $2.751\times10^{-4}$ | | 6m | $9.128\times10^{-4}$ |
| | 9m | $2.241\times10^{-4}$ | | 9m | $7.374\times10^{-4}$ |
| | 12m | $2.248\times10^{-4}$ | | 12m | $7.437\times10^{-4}$ |
| | 15m | $9.632\times10^{-5}$ | | 15m | $3.183\times10^{-4}$ |
| | 18m | $2.248\times10^{-4}$ | | 18m | $7.437\times10^{-4}$ |
| | 21m | $2.241\times10^{-4}$ | | 21m | $7.374\times10^{-4}$ |
| | 24m | $2.751\times10^{-4}$ | | 24m | $9.128\times10^{-4}$ |
| | 27m | $3.610\times10^{-3}$ | | 27m | $1.205\times10^{-3}$ |

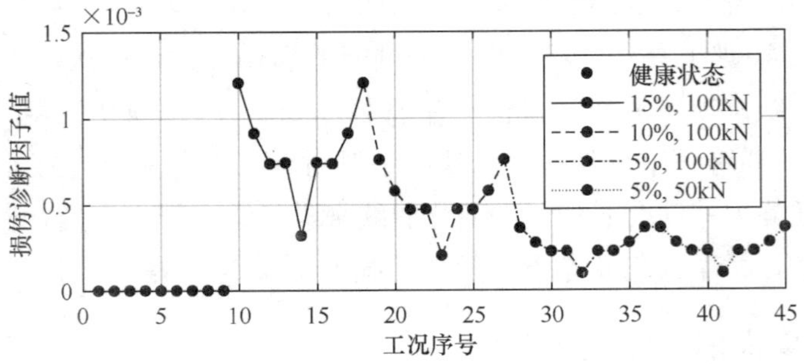


图 3-4　不同工况下损伤指标对比

由图 3-4 分析可知：一方面，当桥梁结构损伤位置相同时，随着损伤程度的增大，损伤诊断因子的数值也随之增大；另一方面，当结构损伤程度相同时，损伤诊断因子数值随着损伤位置的变化而变化，即损伤位置离支撑端越近，得到的损伤特征度量值越大。损伤发生在跨中时，简支梁中的 9 条影响线有 4 条是相同的；而当损伤位置越靠近支点处时，9 条影响线的差异化越大，说明支点处的位移影响线对损伤更敏感。此外，后两种情况的损伤指标相同，意味着所提出的方法与桥梁结构损伤前后的荷载条件无关。

### 3.2.3　与传统损伤识别方法的性能比较

健康状态下 9 个测点位置采集到的 9 条影响线如图 3-5 所示，由式（3-2）以及式（3-6）可知，当损伤发生时，影响线在损伤位置处的增量最大，因此，可以用损伤前后两次影响线的差值来判别损伤。以下分别考虑无噪声影响、有噪声影响及车重不同的影响 3 种情况来对比所提方法与传统方法的优缺点。

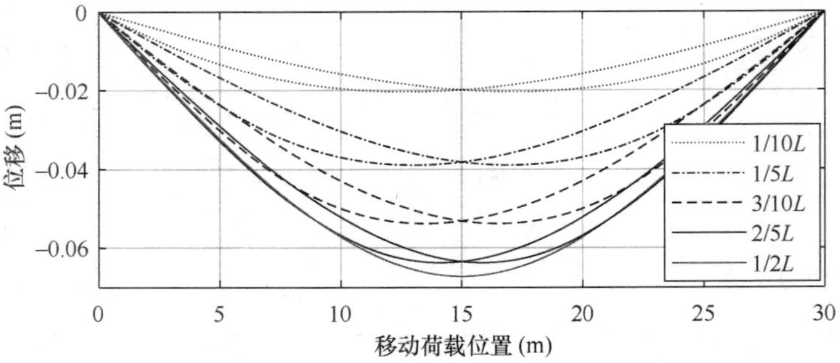


图 3-5　健康状态的 9 个位置的位移影响线

#### 3.2.3.1　不考虑测试噪声影响的结构损伤识别

无噪声影响下，5%损伤程度时，损伤位置和观测点都在 1/10 跨处的损伤前后影响线共 50 条，其中健康 25 条、损伤 25 条，如图 3-6 所示。由分析可知：在 5%损伤程度下，由于损伤很小直接在图像上很难判断，但是通过做差可以清楚看见两条影响线的区别。

传统做差方法的模拟结果如图 3-7 所示，在损伤位置处的影响线前后变化最明显，这点可以通过式（3-6）验证。在相同环境下，利用所提方法得到的损伤指标在损伤前后的变化也可以很好地识别出损伤，如图 3-8 所示。

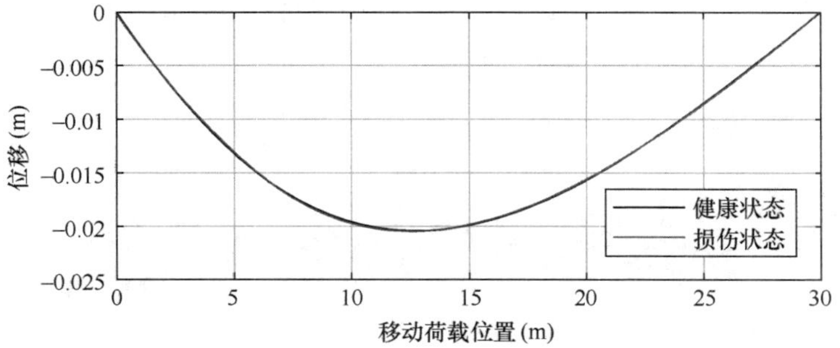


图 3-6　无噪声环境下损伤前后的影响线

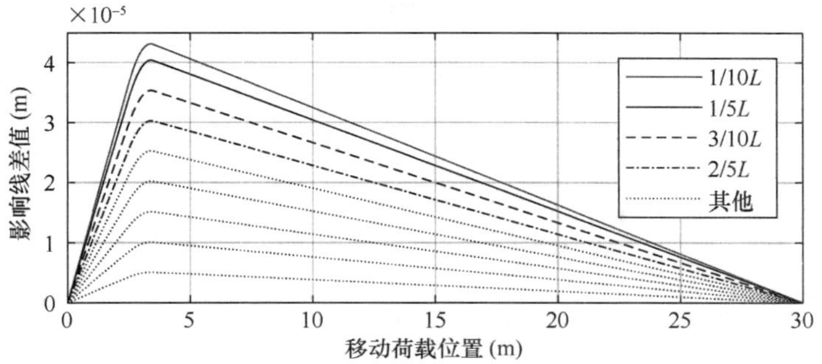


图 3-7　无噪声环境下损伤前后影响线的差值

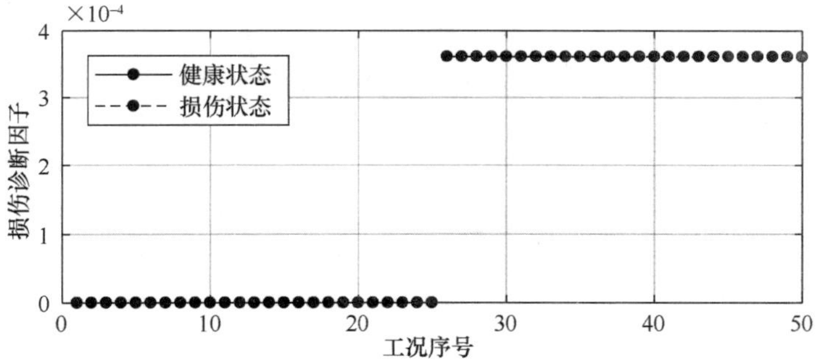


图 3-8　无噪声环境下损伤前后的损伤指标

#### 3.2.3.2　考虑测试噪声影响的结构损伤识别

在 8%测试噪声水平下，5%损伤程度时，损伤位置和观测点都在 1/10 跨处的损伤前后影响线共 50 条，其中健康 25 条、损伤 25 条，如图 3-9 所示。利用影响线差值方法得

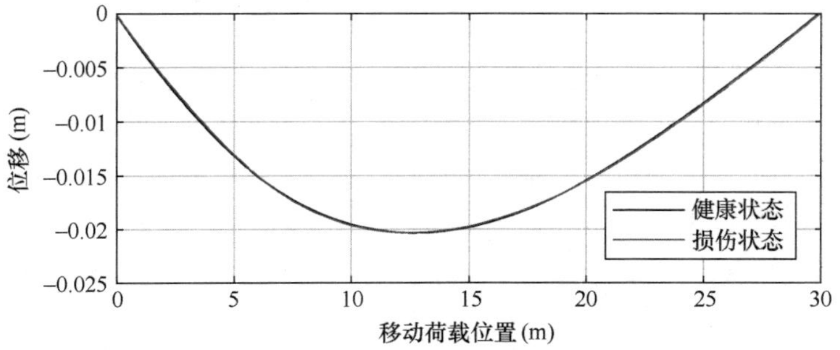


图 3-9　8%噪声环境下损伤前后的影响线

到图 3-10。由分析可知，传统方法已经不能识别出损伤。在相同环境下，利用所提方法得到的损伤指标在损伤前后的变化仍可以很好地识别出损伤，如图 3-11 所示。

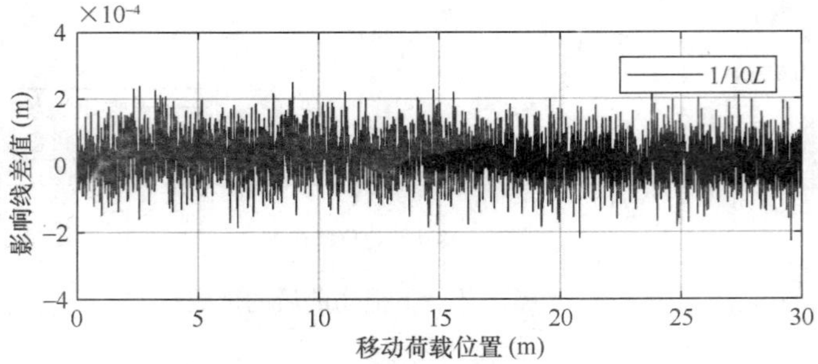


图 3-10　8%噪声环境下损伤前后影响线的差值

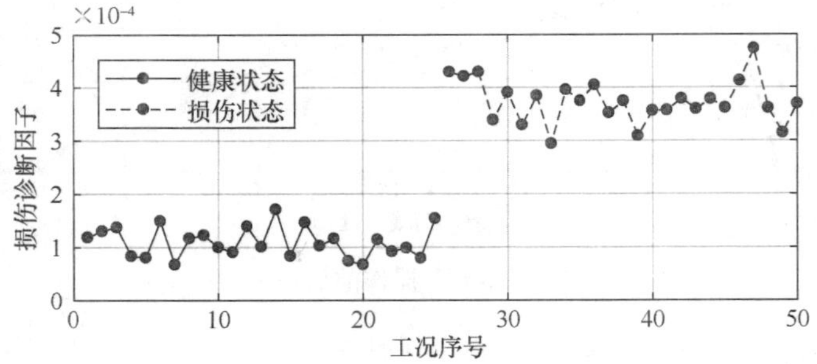


图 3-11　8%噪声环境下损伤前后的损伤指标

各工况结构损伤诊断结果见表 3-3。

**表 3-3　各工况结构损伤诊断结果**

| 结构损伤程度 | 噪声水平 | 传统方法 | 所提方法 |
|---|---|---|---|
| 5% | 1.2% | 有效 | 有效 |
| | 1.6% | 失效 | 有效 |
| | 2.0% | 失效 | 有效 |
| | 2.4% | 失效 | 有效 |
| | 2.8% | 失效 | 有效 |
| | 3.2% | 失效 | 有效 |
| | 3.6% | 失效 | 有效 |
| | 4.0% | 失效 | 有效 |
| | 4.4% | 失效 | 有效 |
| | 4.8% | 失效 | 有效 |
| | 5.2% | 失效 | 失效 |
| 10% | 2.4% | 有效 | 有效 |
| | 3.2% | 失效 | 有效 |
| | 4.0% | 失效 | 有效 |
| | 4.8% | 失效 | 有效 |
| | 5.6% | 失效 | 有效 |

续表

| 结构损伤程度 | 噪声水平 | 传统方法 | 所提方法 |
|---|---|---|---|
| 10% | 6.4% | 失效 | 有效 |
| | 7.2% | 失效 | 有效 |
| | 8.0% | 失效 | 有效 |
| | 8.8% | 失效 | 有效 |
| | 9.6% | 失效 | 有效 |
| | 10.4% | 失效 | 失效 |
| 15% | 3.6% | 有效 | 有效 |
| | 4.8% | 失效 | 有效 |
| | 6.0% | 失效 | 有效 |
| | 7.2% | 失效 | 有效 |
| | 8.4% | 失效 | 有效 |
| | 9.6% | 失效 | 有效 |
| | 10.4% | 失效 | 有效 |
| | 12.0% | 失效 | 有效 |
| | 13.2% | 失效 | 有效 |
| | 14.4% | 失效 | 有效 |
| | 15.6% | 失效 | 失效 |

#### 3.2.3.3　考虑车重变化影响的结构损伤识别

在车重发生变化时，无噪声影响下，损伤位置在 1/10 跨处，绘制 1/10 跨处的观测点损伤前后影响线共 50 条，其中健康 25 条、损伤 25 条，如图 3-12 所示。健康状态下的车重为 100kN，损伤状态下的车重变为 50kN，使用传统的影响线差值方法对图 3-12 的每两条对应影响线做差得到影响线损伤前后的差值，如图 3-13 所示，由图中结果可知，此时已无法识别出结构损伤。在相同环境下，利用所提方法得到的车重变化后损伤前后的损伤指标如图 3-14 所示，可以很好地辨识损伤，同时，可知损伤后的车重变化对本方法并无影响。

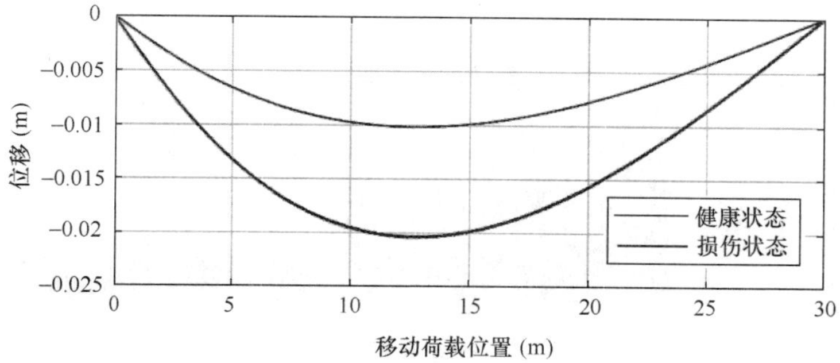


图 3-12　车重变化后损伤前后的影响线

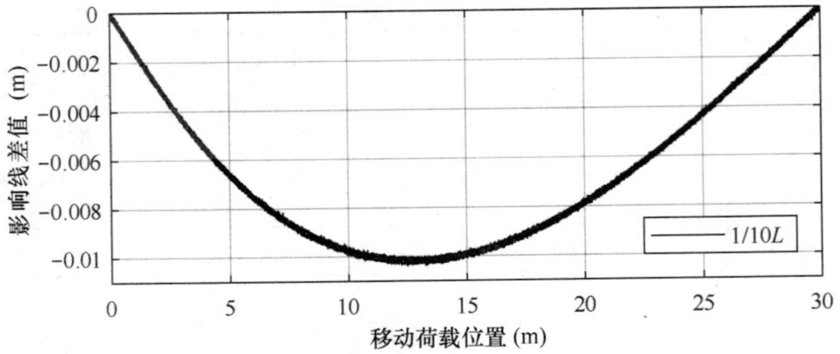


图 3-13　车重变化后损伤前后影响线的差值

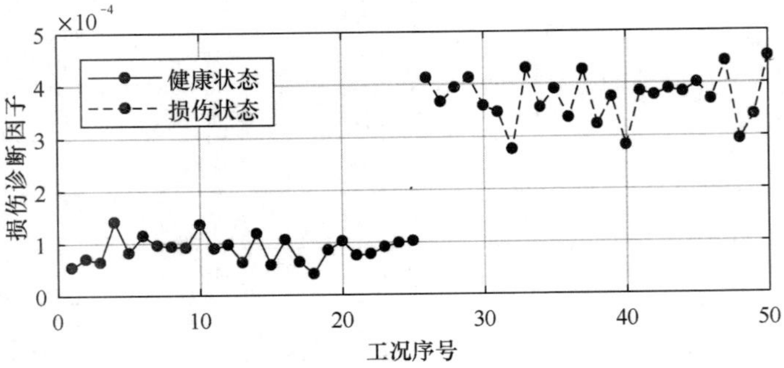


图 3-14　车重变化后损伤前后的损伤指标

### 3.2.4　算法鲁棒性的讨论

Hankel 矩阵的参数 $p$ 值选取对所提方法的鲁棒性及准确性有很大的影响。本节结合模拟算例得到的结果进行讨论，由式（3-11）可知，本算例有 9 个测点，构成 Hankel 矩阵的不同元素 $s$ 共有 36 个，当 $p$ 取值为 1 时，$q$ 取值为 36。此时，Hankel 矩阵为 1 行 36 列的扁平矩阵，利用式（3-14）对 Hankel 矩阵求取零空间，共有 35 个零空间向量，每一个零空间向量利用式（3-15）可得到一次桥梁结构损伤识别结果，把 35 种结果汇集到一起如图 3-15 所示。由图 3-16 可知，每次结果的差异性很大，甚至有些损伤点并不能成功识别。

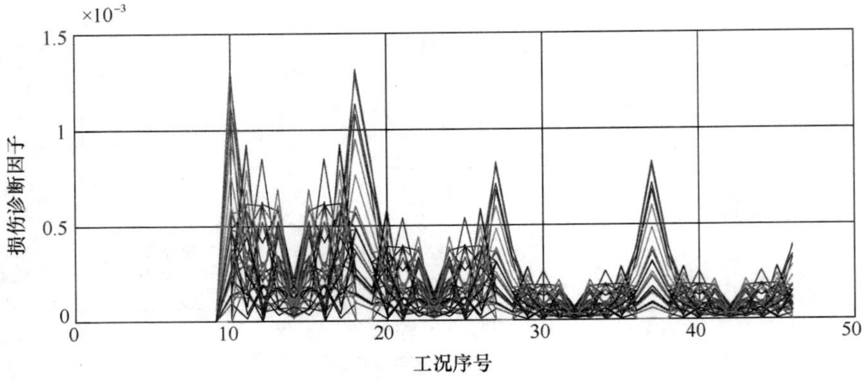


图 3-15　$p=1$ 时任一零空间向量的识别结果

当 $p$ 取值为 2 时，$q$ 取值为 35 时，Hankel 矩阵仍为扁平矩阵，存在 34 个零空间，任取 1 列进行损伤识别得到结果如图 3-16 所示。由图 3-16 可以看出，此时的结果鲁棒性比图 3-15 有所提高。

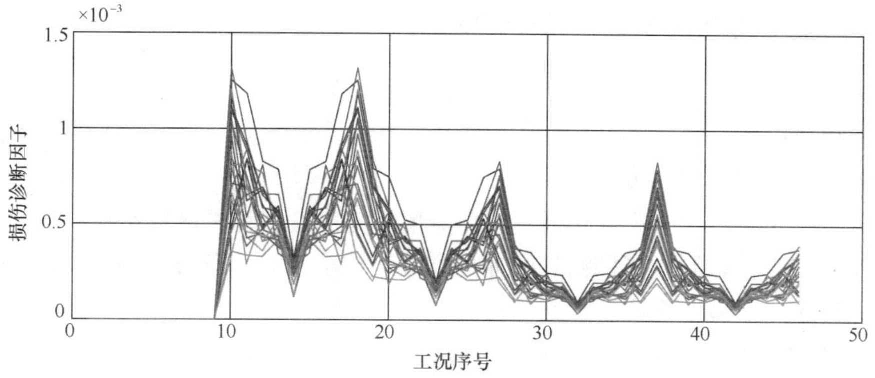


图 3-16　$p=2$ 时任一零空间向量的识别结果

在此基础上，继续增大 $p$ 的数值，使得 $p$ 取值为 17 时，$q$ 取值为 20 时，Hankel 矩阵近似于方阵，存在 4 个零空间，任取 1 列进行损伤识别得到结果如图 3-17 所示。由图 3-17 可知，结构损伤诊断结果的鲁棒性大大的提高，每一个损伤样本都能够很好的识别出来，且具备一定的规律性。因此，当 Hankel 矩阵越近似于方阵时，识别结果的鲁棒性越好，建议 $p$ 取值为 $q$-1 或 $q$-2，在保证构造的 Hankel 矩阵存在零空间的前提下，所构造的 Hankel 矩阵越近似于方阵，所提算法的结构损伤诊断结果鲁棒性越好。

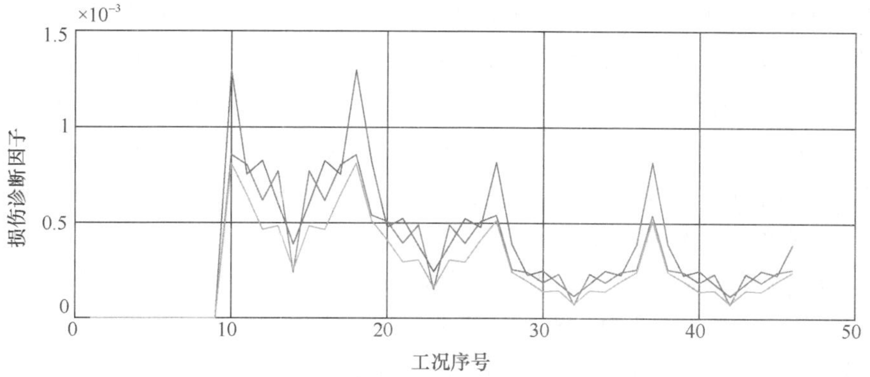


图 3-17　$p=17$ 时任一零空间向量的识别结果

## 3.3　基于准静力应变影响线的结构损伤定位算法

BOTDA 技术是依托于受激布里渊散射的分布式光纤时域分析技术，所获取布里渊增益谱信号强度大、测量精度高。T. Horiguchi 等在 1989 年首先提出了 BOTDA 技术，用理论试验证明了光纤中应变与光纤所在位置的布里渊增益谱频移量线性相关，并成功获取沿光纤空间位置各处布里渊增益谱。BOTDA的传感单元为光纤，可以分布式布设在大型土工结构上，具有空间分辨率高、监测信息全面的特点，适用于远距离传输或监测。近年来，BOTDA技术被越来越多的应用到桥梁结构响应信息的测量与分析中。

## 3.3.1 BOTDA传感技术在桥梁中的应用

在传统BOTDA技术的实现中，存在以下两种局限：

（1）单模光纤中，由PMD偏振模色散引起的光纤偏振态的变化使光强的起伏远大于斯托克斯功率，影响光强的测量精度。

（2）分辨率决定脉冲宽度，脉冲越窄，分辨率越高，但布里渊增益越弱。而脉冲宽度受声子寿命和信噪比限制，当探测光脉冲宽度接近或小于声子寿命（10ns）时，受激布里渊效应难以测量，故脉冲宽度不能无限小。

### 3.3.1.1 OPPP-BOTDA技术的应用与研究现状

PPP-BOTDA（基于脉冲预泵浦的布里渊时域分析技术）是在传统BOTDA基础上，先加载适当的脉冲预泵浦光，再导入脉冲光。预先激发声子，适当设置脉冲光与脉冲预泵浦光的功率比，提高测量精度及空间分辨率。PPP-BOTDA系统突破了传统BOTDA技术的局限技术，成功实现了高分辨率（5cm）与高测量精度指标。

2004年Bao Xiaoyi等提出了脉冲预泵浦技术，当时他们在测量光子晶体光纤布里渊频移与温度、应变间关系时提出使用脉冲预泵浦技术。试验发现使用脉冲预泵浦技术可有效抑制窄带脉冲光导致布里渊增益谱不良展宽的问题，获得了15$\mu\varepsilon$，1.3℃的测试精度。

Kishida等提出在传统的抽运脉冲前采用一个预抽运脉冲以增强精度和空间分辨率的PPP-BOTDA技术使测量脉冲的脉冲宽度窄，也可以在布里渊增益谱中获得预定位置的信息。PPP-BOTDA技术还使得布里渊增益谱的半值全宽更小，频率分辨率明显提高，应变、温度解析分辨率得到提高。江宏在国内首次将该技术应用于管桩桩身应变分布式测量，与同时进行的滑动测微计实测数据进行对比，结果表明PPP-BOTDA可作为新型桩基高空间分辨率测试技术加以推广。

### 3.3.1.2 DPP-BOTDA技术的应用与研究现状

DPP-BOTDA（基于差分脉冲对的布里渊时域分析技术）是一种可以获得厘米数量级分辨率且较易实现的方案。它在BOTDA技术的基础上引入了差分脉冲对技术，通过扫频获取光纤各测点差分后的布里渊增益谱，探测精度更高，信号强度更好。

董永康和Bao Xiaoyi等基于DPP-BOTDA开发了12km传感距离测试系统，采用40ns/50ns差分脉冲，与使用10ns脉冲信号的BOTDA检测对比。差分脉冲对40ns/50ns的布里渊增益信号强度是直接采用10ns脉冲的7倍，且前者的温度测量精度为0.25℃，后者的温度测量精度仅为1.8℃。

陶思聪等在有裂缝的钢筋混凝土梁表面粘贴光纤，测量了加载下梁表面的应变分布和裂缝扩展情况。采用5cm空间分辨率和1cm采样间隔的参数设置，准获取了两条宽度分别为0.5和0.1mm、间距20cm裂缝的应变曲线。

董永康等将 DPP-BOTDA 技术首次应用到大型交流电源平板在波纹弹簧作用下的应变和位移的测量中，他们用 8ns/8.2ns 脉冲对得到最大位移为 0.43mm，测试精度接近 2cm，这也是实际应用中 DPP-BOTDA 能达到的最高空间分辨率。

#### 3.3.1.3　BOTDA 技术在桥梁结构中的应用

光纤分布式监测技术可准确获得光纤上多个测点的温度、应变等信息，为实现大型结构测量场中分布式信息的获取提供传感基础。桥梁结构局部应变的变化可以反映桥梁的实际受力情况，采用分布式光纤可以测试沿全桥的应变分布。

在桥梁结构健康监测的应用上，布里渊分布式光纤传感技术与传统的监测方法相比，具有分布式、距离长、分辨率高等特点，能实现对结构应变、温度、动态响应、裂缝情况等参数的采集和监测。还能将光纤作“神经”植入桥梁内部，构成完整的神经网络，监测桥梁的响应情况。

夏涛在武汉黄孝河段大跨度钢箱梁桥上利用 BOTDA 构建了神经网络式桥梁健康监测自动化传感系统，对桥底部在拆除支撑的各时段在线监测。经过长期运营并与 ANSYS 模拟数值，验证了 BOTDA 健康监测系统在城市大跨度钢箱梁桥受力变形及应变监测上的可行性。

刘少聪、李汉彬等利用 PPP-BOTDA 技术在四川巴东野三河悬索桥上建立了健康监测系统，并通过直接温度补偿方式消除健康监测数据中的假应变，着重监测桥梁变形。并通过有限元模拟数据对比验证了方法的可行性。

Enckell 等依托在一座混凝土桥面板连续钢桥上安装分布式光纤建立健康监测系统。利用该系统对桥上应变、温度进行监测还能测出宽度大于 0.5mm 的裂缝。

路杰结合“开发区段桥梁工程—装配式预应力混凝土箱形连续梁”项目使用 BOTDA 技术和大尺度 FBG 开展健康监测，并采取数值模拟方法对预应力箱形梁进行分析。实验表明两者联合使用能更好开展监测。

在桥梁结构损伤检测中，以“应变—电量”为基础的传统传感器用导线传输电信号，容易受不良环境影响引起短路、火灾等状况。而光纤传感器耐高温、高压，能快捷实现大范围监测。此外，布里渊分布式光纤传感技术具有极高的检测灵敏度，损伤检测精度高，应用前景广。

范哲提出了基于分布式监测应变异常值识别大跨度斜拉桥损伤的方法。将斜拉索与斜拉桥主梁体系转化为具有多点弹簧支承的梁结构进行受力分析，得出了通过主梁应变变化反映某索刚度损失，对 BOTDA 采集的应变进行小波分析，准确识别出了斜拉桥结构损伤。

杨樟成、罗剑波等首次将 BOTDA 应用于桥梁的静载试验。试验在某三跨连续钢箱梁桥上利用应变光缆和振弦应变计得到的静载下桥梁应变实测值与 MIDAS 模型理论值分析桥梁应变状况。利用 BOTDA 得到的桥梁应变分布与其对比，表明能对应变异常点进行精确定位。

徐冲采用了 BOTDA 对某超载桥梁加固后的构件内部钢筋开展了静载与疲劳后两种工况的应变检测，通过分析解决了钢筋应变片埋置在混凝土构件中容易失效的问题。

## 3.3.2 布里渊分布式光纤传感技术原理

### 3.3.2.1 光纤中的布里渊散射

光纤中的布里渊散射是由于光在光纤中传播时与介质中不均匀结构如悬浮颗粒等发生碰撞改变传播方向而向空间散射产生的，此外还包括瑞利散射（Rayleigh scattering）和拉曼散射（Raman scattering），散射光的类别划分如表 3-4 所示。

表 3-4 布里渊散射光的基本信息

| 散射名称 | 散射类别 | 发生原因 | 散射特点 |
| --- | --- | --- | --- |
| 布里渊散射 | 非弹性散射 | 光子与低频声子相互作用引起 | 与入射光频率差几十 GHz |
| 瑞利散射 | 弹性散射 | 由光纤折射率的微小变化引起 | 散射光波长＝入射光波长 |
| 拉曼散射 | 非弹性散射 | 光子与光声子相互作用引起 | 吸收声子，转高频率散射光发射声子，转低频率散射光 |

光纤介质中的光散射可分为弹性散射和非弹性散射两种，通过碰撞类型的不同来定义，入射光与弹性散射光频率相同，与非弹性散射光频率存在一定偏差，如图 3-18 所示。

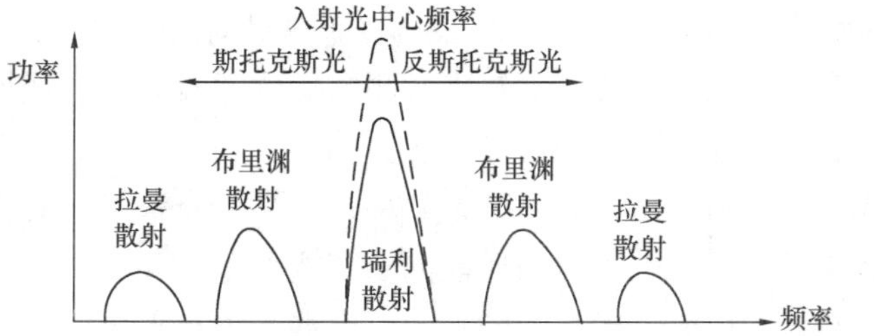


图 3-18 光纤中三种散射光频率分布图

入射光功率中心对称轴所对应的频率即为入射光的中心频率，与瑞丽散射的中心频率相同。

（1）自发布里渊散射。光纤材料中存在自发声波场，它是由于光纤材料中分子布朗运动产生的弹性波（声波）引起的。声波在光纤中传播时，光纤中晶格原子受到声波振动压力差作用会产生相应位移造成光纤介电常数的改变，致使光纤折射率产生周期性波动对入射光产生散射。受声波影响当光纤中入射光功率不大时，散射光会发生多普勒频率下移出现频率差即为布里渊频移。这种因自发声波场激励产生的散射称为自发布里渊散射。从量子物理学角度考虑，自发布里渊散射伴随两种光子声子能量转换的方式，如图 3-19 所示。

图 3-19 布里渊散射光子、声子转换

其中形成的斯托克斯（Stokes signal）和反斯托克斯（Anti-Stokes signal）光频率称

为布里渊频率，其公式为：

$$v_B = 2nv_a/\lambda_p \tag{3-31}$$

式中　$v_B$——布里渊频率；

$n$——光纤折射率；

$v_a$——声速；

$\lambda_p$——入射脉冲光波长。

（2）受激布里渊散射。光纤中，自发布里渊散射会随着入射光功率增强而增强。当入射光功率达到阈值时，自发布里渊散射产生的反向斯托克斯光与入射光对向发生干涉产生干涉条纹，使光纤局部折射率增大，造成光纤内发生电磁伸缩效应产生声波。该声波又将激发入射泵浦光产生更多的反向传输的散射光，如此循环作用产生的“高强散射”称为受激布里渊散射，如图 3-20 所示。

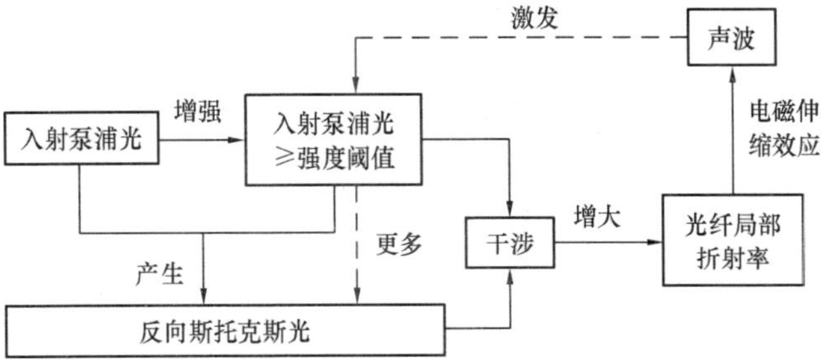


图 3-20　受激布里渊散射流程图

由于受激布里渊散射放大了与斯托克斯光的干涉作用，因此其信号强度远大于自发布里渊散射，更容易被光学仪器捕捉，具有较高的信噪比。

#### 3.3.2.2　BOTDA 光纤传感技术原理

光纤在受外力作用或环境温度发生变化，会导致声速和光纤折射率变化，由式(3-31)可得，入射脉冲光波频率不变，将导致布里渊频移的变化。

如图 3-21 所示为 BOTDA 测量原理图。受外力或温度影响，光纤中各小区段存在特定布里渊频移。光纤两侧的激光器分别发出泵浦脉冲光（定频）和连续探测光进入光纤，泵浦光对探测光在布里渊光谱内进行扫描，当频率差落在布里渊光谱内（10GHz 附近）即在某区段与布里渊频移相等时产生受激布里渊散射，泵浦光能量转向探测光，探测光

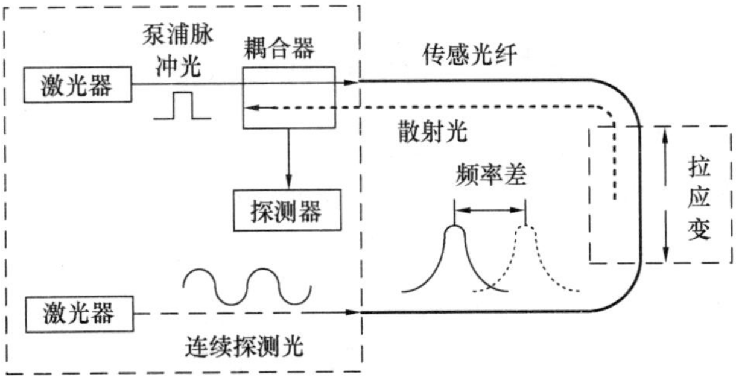


图 3-21　布里渊传感原理图

（或反向散射光）得到增益。随后，通过检测耦合得到的连续光功率，便可确定光纤各区段能量转移最大时的频率。结合洛伦兹拟合的布里渊增益谱确认各测点布里渊中心频率 $v_B$，利用布里渊中心频率差 $\Delta v_B$ 与应变、温度的线性关系即可测得应变或温度。

布里渊增益谱是描述受激布里渊散射增益系数与“泵浦光-探测光”频率差间变化关系的曲线。布里渊增益随着频率差的变化而变化，BOTDA 会对每个测点的实测布里渊增益谱进行洛伦兹拟合得到光滑曲线，如图 3-22(a) 所示，拟合算法如下：

$$g_B(v) = g_p(v)\frac{(\Delta v_B/2)^2}{(v-v_B)^2+(\Delta v_B/2)^2} \tag{3-32}$$

式中 $\Delta v_B$ ——布里渊增益谱带宽（GHz）；

$v_B$ ——布里渊中心频率（GHz），图 3-22(a) 中为拟合谱中轴线横坐标；

$v$ ——探测光频率（GHz）；

$g_p(v)$ ——布里渊增益谱峰值。

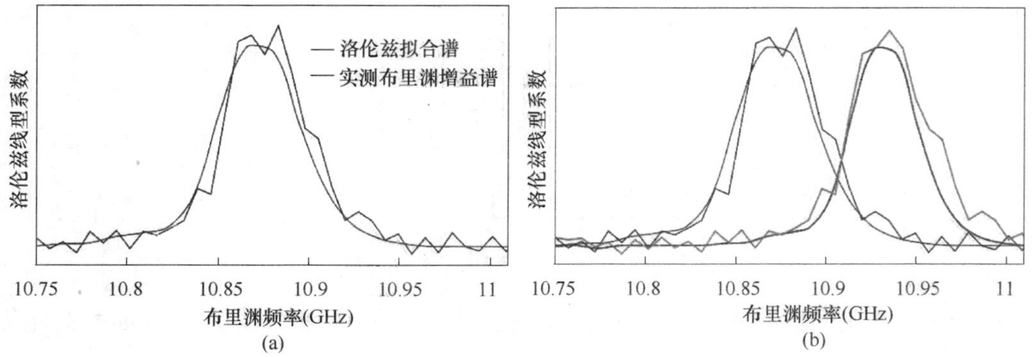


图 3-22 布里渊增益谱变化示意图

（a）测点布里渊增益谱及拟合谱；（b）测点受力前后布里渊中心频移变化

当“泵浦光-探测光”频率差接近布里渊频率时增益系数快速增大，带宽越小增益系数增大得越快。布里渊散射最大光强所对应的频率即为布里渊增益谱中心频率，等于光纤布里渊频率。受外力、温度影响时光纤布里渊频率会发生变化，如图 3-22(b) 所示，利用测点受干扰前后布里渊增益谱的中心频率 $v_{B0}$、$v_B$ 及布里渊频移，再根据式（3-12）即求得测点相对应变值。

### 3.3.2.3 DPP-BOTDA 光纤传感技术

DPP-BOTDA 是基于差分脉冲对技术的 BOTDA 传感技术，是利用脉宽为 $t_1$ 和 $t_3$ 的两个泵浦脉冲光以 $t_2(>2nL/c)$ 为时间间隔依次入射光纤中。类似的，与连续光相互作用产生布里渊散射光后由探测器接收，采集两脉冲所对应的布里渊信号后在时域上做差。在扫频获取光纤中每点的布里渊增益谱后曲线拟合得到各点的布里渊频移，即解调差值布里渊信号得到温度和应变，如图 3-23 所示。

BOTDA 采用光时域定位技术，通过计算受激布里渊散射产生的斯托克斯光与泵浦光的时间差实现每个时间点与在光纤位置 $z$ 的对应：

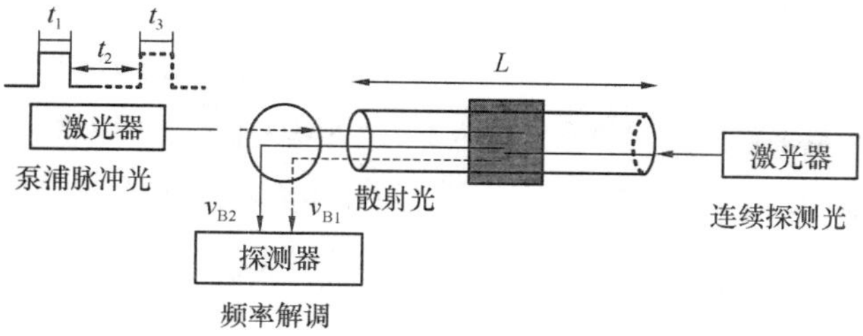


图 3-23　差分脉冲对技术原理图

$$z=\frac{c\tau}{2n} \tag{3-33}$$

式中　$c$——真空中光速；

$\tau$——泵浦脉冲宽度；

$n$——光纤折射率。

常规 BOTDA 脉宽为 50ns，可以通过减小 $\tau$ 提高空间分辨率，但会造成布里渊增益谱展宽变大而降低测量精度；此外，受限于光纤中光子寿命≤10ns 的限制很难得到 1m 的空间分辨率的需求。而 DPP-BOTDA 使用两个连续脉冲，两个脉冲宽度差分值为几纳秒至零点几纳秒，从而提高空间分辨率。试验证明，两个脉冲宽度差越大，差分信号越强，泵浦光与探测光频率差测量精度越高；两个脉冲宽度差越小，空间分辨率越高，频率差测量精度较低。DPP-BOTDA 具有布里渊信号强，信噪比高，增益谱带宽小等特点，能满足高空间分辨率、高精度测量的需求。

#### 3.3.2.4　DPP-BOTDA 布里渊频移数据处理方法

由于布里渊频移主要受温度和应变的影响，因此暂不考虑光强等其他参量，集中分析布里渊频移与应变、温度的关系。

式（3-31）表明布里渊频移与声速和光纤折射率有关，应变和温度通过调制 $E$、$k$ 和 $\rho$ 来影响声速；光纤折射率受应变和温度影响是通过弹光效应和热光效应引起的，声速 $v_a$ 通过式（3-33）表示：

$$v_a=\sqrt{\frac{E(1-k)}{\rho(1+k)(1-2k)}} \tag{3-34}$$

式中　$E$——光纤介质的弹性模量；

$k$——光纤介质的泊松比；

$\rho$——光纤介质密度。

由于 $E$、$k$、$\rho$、$n$ 均受应变、温度的影响，因此均可以表示为应变、温度的函数，联合式（3-33）带入式（3-31）中可得：

$$v_B=2nv_a/\lambda_p=v_B(\varepsilon,T)=2n(\varepsilon,T)\sqrt{\frac{E(\varepsilon,T)[1-k(\varepsilon,T)]}{\rho(\varepsilon,T)[1+k(\varepsilon,T)][1-2k(\varepsilon,T)]}}/\lambda_p \tag{3-35}$$

经研究表明，由于弹光效应，应变通过调制光纤的泊松比 $\mu$、弹性模量 $E$ 改变折射率，从而引起布里渊频移的变化。在温度保持恒定（$T=0$）的条件下，分析布里渊频移随应变的变化，则式（3-34）可表达为：

$$v_B(\varepsilon,0)=2n(\varepsilon,0)\sqrt{\frac{E(\varepsilon,0)[1-k(\varepsilon,0)]}{\rho(\varepsilon,0)[1+k(\varepsilon,0)][1-2k(\varepsilon,0)]}}/\lambda_p \tag{3-36}$$

在 $\varepsilon=\varepsilon_0$（初始应变）处对式（3-35）进行泰勒级数公式展开，保留一次项，二次及以上的各项由于以微应变为数量级故可忽略，得到下式：

$$v_B(\varepsilon,0)=v_B(\varepsilon_0,0)+v'_B(\varepsilon_0,0)(\varepsilon-\varepsilon_0)=v_B(\varepsilon_0,0)\left[1+\frac{v'_B(\varepsilon_0,0)}{v_B(\varepsilon_0,0)}(\varepsilon-\varepsilon_0)\right] \tag{3-37}$$

式中 $\frac{v'_B(\varepsilon_0,0)}{v_B(\varepsilon_0,0)}$ 是与应变 $\varepsilon$ 相关的导函数，引入布里渊频移 $v_B$ 的应变影响系数 $C_\varepsilon=\frac{v'_B(\varepsilon_0,0)}{v_B(\varepsilon_0,0)}$，式（3-37）可简化为下式：

$$v_B(\varepsilon,0)=v_B(\varepsilon_0,0)(1+C_\varepsilon\Delta\varepsilon) \tag{3-38}$$

热光效应是温度影响光纤折射率的作用方式，热膨胀效应是其影响光纤密度的作用方式，此外，光纤自由能会随温度变化，从而引起对泊松比与弹性模量的的变化，综上造成布里渊频移变化。在应变保持恒定（$\varepsilon=0$）的前提下，分析布里渊频移随温度的变化，则式（3-35）可表达为：

$$v_B(0,T)=2n(0,T)\sqrt{\frac{E(0,T)[1-k(0,T)]}{\rho(0,T)[1+k(0,T)][1-2k(0,T)]}}/\lambda_p \tag{3-39}$$

在 $T=T_0$（初始温度）处对式（3-39）按泰勒展开，同理保留一次项可得：

$$v_B(0,T)=v_B(0,T_0)+v'_B(0,T_0)(T-T_0)=v_B(0,T_0)\left[1+\frac{v'_B(0,T_0)}{v_B(0,T_0)}(T-T_0)\right] \tag{3-40}$$

引入布里渊频移 $v_B$ 的温度影响系数 $C_T=\frac{v'_B(0,T_0)}{v_B(0,T_0)}$，式（3-40）可简化为：

$$v_B(0,T)=v_B(0,T_0)(1+C_T\Delta T) \tag{3-41}$$

合并式（3-38）和式（3-41），建立布里渊频移与应变、温度的线性关系公式：

$$v_B(\varepsilon,T)=v_B(\varepsilon_0,T_0)+C_\varepsilon\Delta\varepsilon+C_T\Delta T \tag{3-42}$$

应变影响系数 $C_\varepsilon$ 和温度影响系数 $C_T$ 的确定通常要结合定温、定压试验标定以及数据拟合理论值得出。对于普通硅玻璃光纤，折射率 $n=1.46$，声速 $v_a=5945\text{m/s}$，当泵浦光波长 $\lambda=1.55\mu\text{m}$ 时，取理论值 $C_\varepsilon=0.04812\text{MHz}/\mu\varepsilon$，$C_T=1.12\text{MHz}/℃$。

此外，当光纤所处环境的温度变化≤5℃时，可忽略 $\Delta T$ 对布里渊频移的影响认为 $\Delta T=0$。BOTDA 数据单位为 GHz，式（3-40）可转化成相对应变求取公式：

$$\Delta\varepsilon=\frac{[v_B(\varepsilon,T)-v_B(\varepsilon_0,T_0)]\times1000}{C_\varepsilon}=\frac{\Delta v_B(\varepsilon,T)\times1000}{0.04812} \tag{3-43}$$

需要注意的是，实际工程中应用 BOTDA 开展测量工作，由于温差变化不稳定对布里渊频移影响较大，因此要采取相应的温度补偿方法，减小由温差导致的应变数据误差。

### 3.3.3 基于 BOTDA 技术的准静力应变影响线

分布式布里渊光纤传感技术是目前较为先进的桥梁结构应变测试技术，利用该项技术，可以测试得到高测点密度的桥梁结构应变信息，因此，利用这一特点，可有效应用于桥梁结构的损伤定位。

在准静力加载条件下，利用 BOTDA 技术获取具有高测点空间分辨率的准静力应变影响线。在图 3-24 所示的 BOTDA 技术应用示例中，沿着简支梁桥的上部结构底部粘贴一根长距离传感光纤，使之与结构变形相一致。

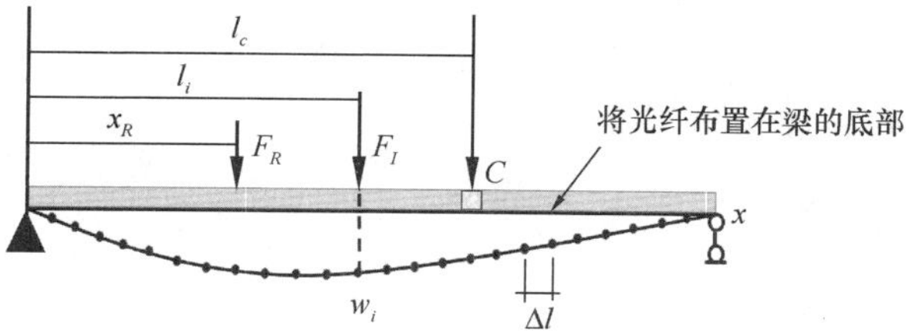


图 3-24　长距离光纤监测桥梁的准静力加载示意图

在光纤的两端各输入一束激光脉冲，一端为泵浦光，另一端为探测光。当激光脉冲沿光纤传播时，将不可避免的产生受激布里渊散射。布里渊散射期间产生的斯托克斯光相对于泵浦光具有频移，并且该频移与光纤纵向应变线性相关，如下式所示：

$$f_{\mathrm{B},i}=f_{\mathrm{B}\tau,i}[1+\chi\varepsilon_i(x)] \tag{3-44}$$

式中　$f_{\mathrm{B},i}$——变形后第 $i$ 个测点处光纤的布里渊频率；

$f_{\mathrm{B}\tau,i}$——第 $i$ 个测点处光纤的布里渊频率；

$\chi$——应变系数，本章取 0.04812 MHz/$\mu\varepsilon$；

$\varepsilon_i(x)$——上部结构第 $i$ 个横断面底部应变值。

利用式（3-44），桥梁结构应变可由下式计算，

$$\varepsilon_i(x)=\frac{f_{\mathrm{B}\tau,i}-f_{\mathrm{B},i}}{\chi f_{\mathrm{B}\tau,i}} \tag{3-45}$$

如图 3-24 所示，假设长距离传感光纤共有 $n$ 个测量点，可以定义如下的准静力应变影响线矩阵。

$$\boldsymbol{\Gamma}=\begin{bmatrix}\varepsilon_{11} & \varepsilon_{12} & \cdots & \varepsilon_{1i} & \cdots & \varepsilon_{1n}\\ \varepsilon_{21} & \varepsilon_{22} & \cdots & \varepsilon_{2i} & \cdots & \varepsilon_{2n}\\ \vdots & \vdots & \vdots & & \vdots & \vdots\\ \varepsilon_{m1} & \varepsilon_{m2} & \cdots & \varepsilon_{mi} & \cdots & \varepsilon_{mn}\end{bmatrix}_{m\times n} \tag{3-46}$$

式中　$\boldsymbol{\Gamma}$——一次试验得到的准静力应变影响线数据集合，矩阵 $\boldsymbol{\Gamma}$ 的每一列为第 $i$ 个测点处的应变影响线测试数据。

在实际桥梁的应用中，所得到的准静力应变影响线不可避免地受到测量噪声的影响，本章采用 3.2.1 节所提出的消除噪声方法，进而可得到减弱噪声干扰后的应变影响线数据集合 $\boldsymbol{\Gamma}'$。

### 3.3.4　基于准静态应变影响线的桥梁结构损伤定位算法

（1）基于准静力应变影响线的桥梁结构损伤诊断特征。

如图 3-24 中所示，在准静力加载条件下，将一根光纤沿简支桥梁底通长布置，可以得到梁段多个测点的准静力应变影响线。理论上，当一单位荷载沿桥梁纵向移动时，应变影响线可以反映桥梁上部结构某一横断面的竖向变形情况，在实际应用中，单位荷载可用移动车辆代替。桥梁实测准静力应变影响线直接反映了桥梁结构的刚度性能，可将其作为桥梁上部结构损伤诊断的有效诊断特征，桥梁主梁某一断面的曲率可定义如下，

$$\kappa_i = -\frac{M_i}{EI_i} = -\frac{\varepsilon_i}{h} \tag{3-47}$$

式中 $\kappa_i$——第 $i$ 个断面的曲率；

$M_i$——第 $i$ 个断面的弯矩；

$I_i$——截面惯性矩；

$\varepsilon_i$——第 $i$ 个断面的应变；

$h$——测点距离中性轴的距离（由于光纤沿梁底通长布置，故假定 $h$ 的值处处相等）；

$E$——材料杨氏模量。

根据欧拉梁理论，曲率可由下式进行等效：

$$\kappa_i = \frac{\mathrm{d}^2 w_i}{\mathrm{d}x^2} = \frac{w_{i+1} - 2w_i + w_{i-1}}{\Delta l^2} \tag{3-48}$$

式中 $w_{i-1}$——第 $i-1$ 断面的竖向位移；

$w_i$——第 $i$ 断面的竖向位移；

$w_{i+1}$——第 $i+1$ 断面的竖向位移；

$\Delta l$——分布式布里渊光纤的空间分辨率。

第 $i$ 个测点处的应变值可按下式进行计算，

$$\varepsilon_i(x) = -\kappa_i(x)h = -\frac{h}{\Delta l^2}[w_{i+1}(x) - 2w_i(x) + w_{i-1}(x)] \tag{3-49}$$

根据变形虚功原理，在准静态移动力 $F_R$ 作用下，第 $i$ 个测点的位移影响线可利用下式得到，

$$w_i(x_R) = F_R\int_0^l \frac{1}{EI(x)}M_i(x)M_R(x)\mathrm{d}x \tag{3-50}$$

如图 3-24 所示，假定损伤发生在截面 $C$ 附近区域，将损伤等效作刚度折减如式（3-4）所示，第 $i$ 个测点的准静力应变影响线可表示为，

$$\varepsilon_i(x) = -F_R\frac{h}{\Delta l^2}\left(\begin{aligned}&\int_0^l \frac{1}{EI(x)}M_{i+1}(x)M_R(x)\mathrm{d}x - 2\int_0^l \frac{1}{EI(x)}M_i(x)M_R(x)\mathrm{d}x\\&+\int_0^l \frac{1}{EI(x)}M_{i-1}(x)M_R(x)\mathrm{d}x\end{aligned}\right) \tag{3-51}$$

第 $i$ 个测点损伤前后准静力应变影响线差值为，

$$\Delta\varepsilon_i(x) = \varepsilon_{i,U}(x) - \varepsilon_{i,D}(x) \tag{3-52}$$

式中 $\varepsilon_{i,U}(x)$——分别为损伤前第 $i$ 个测点损伤前后准静力应变影响线；

$\varepsilon_{i,D}(x)$——分别为损伤后第 $i$ 个测点损伤前后准静力应变影响线。

损伤前后准静力应变影响线差值可按下式计算，

$$\Delta\varepsilon_i(x)=\varepsilon_{i,U}(x)-\varepsilon'_{i,D}(x)=\varepsilon_{i,U}(x)-\alpha\varepsilon_{i,D}(x) \tag{3-53}$$

式中　$\alpha$——桥梁结构损伤后加载车重量的扰动影响因子。

在损伤前后准静力加载条件不一致时，准静力差值影响线 $\Delta\varepsilon_i(x)$ 不仅取决于桥梁的损伤程度，还受损伤前后加载条件的扰动程度影响。因此，加载条件的不一致可能会使损伤诊断出现误判。

针对上述问题，本节将两个不同状态下同一测点准静力应变影响线的向量夹角作为桥梁结构损伤诊断特征，计算公式如下所示，

$$\rho_{i,k}=\frac{\varepsilon_{i,U}(x)^{\mathrm{T}}\varepsilon_{k,D}(x)}{\|\varepsilon_{i,U}(x)\|\ \|\varepsilon_{k,D}(x)\|},\ i\in(1,2,\cdots,n),k\in(1,2,\cdots,n) \tag{3-54}$$

式中　$\rho_i$——桥梁健康与待诊断状态下第 $i$ 点准静力应变影响线之间的向量夹角。

$\varepsilon_{i,U}(x)$ 矩阵范数的计算公式如下所示，

$$\|\varepsilon_{i,U}(x)\|=\sqrt{(\varepsilon_{1i,U}^2+\varepsilon_{2i,U}^2+\cdots+\varepsilon_{mi,U}^2)} \tag{3-55}$$

当损伤前后加载条件不一致时，桥梁结构损伤诊断特征可按下式计算，

$$\rho'_{i,k}=\frac{\varepsilon_{i,U}(x)^{\mathrm{T}}\varepsilon'_{k,D}(x)}{\|\varepsilon_{i,U}(x)\|\ \|\varepsilon'_{k,D}(x)\|}=\frac{\varepsilon_{i,U}(x)^{\mathrm{T}}[\alpha\varepsilon_{k,D}(x)]}{\|\varepsilon_{i,U}(x)\|[\alpha\|\varepsilon_{k,D}(x)\|]}=\rho_{i,k} \tag{3-56}$$

由上式可知，该损伤诊断特征与损伤前后加载条件的变化无关，因此，该诊断特征对损伤的灵敏度高于损伤前后准静力应变影响线的差值。

（2）基于准静力应变影响线的桥梁结构损伤定位因子。

在本节中，利用该矩阵的零空间，提出结构损伤定位因子。针对桥梁结构的健康状态，通过桥梁准静力荷载试验，采集测点准静力影响线利用构造减弱噪声干扰后的应变矩阵 $\boldsymbol{\Gamma}'$。将准静力应变影响线两两配对，按照式（3-43）计算结构损伤诊断特征，得到结构损伤诊断特征序列 $\{\rho_{1,1},\rho_{1,2},\cdots,\rho_{i,k},\cdots\}_{s\times1}$，其中序列维数 $s$ 可用下式进行计算，

$$s=\frac{n!}{2!(n-2)!} \tag{3-57}$$

类似于3.3.2节的算法理论，利用第 $i$ 个测点的准静力应变影响线，构建桥梁结构损伤定位基准状态下的Hankel矩阵，

$$\boldsymbol{\Pi}_{i,r}=\begin{bmatrix}\rho_{i,1} & \rho_{i,2} & \cdots & \rho_{i,p}\\ \rho_{i,2} & \rho_{i,3} & \cdots & \rho_{i,p+1}\\ \vdots & \vdots & \ddots & \vdots\\ \rho_{i,p} & \rho_{i,p+1} & \cdots & \rho_{i,p+q-1}\end{bmatrix}_{p\times q} \tag{3-58}$$

Hankel矩阵 $\boldsymbol{\Pi}_{i,r}$ 的零空间可按下式计算，

$$\boldsymbol{\Pi}_{i,r}\boldsymbol{N}_{i,r}=0 \tag{3-59}$$

式中　$\boldsymbol{N}_{i,r}$——Hankel矩阵 $\boldsymbol{\Pi}_{i,r}$ 的右零空间，可按式（3-17）进行计算。

利用上式可构建如下指标 $\boldsymbol{\zeta}_i$，

$$\boldsymbol{\zeta}_i=\boldsymbol{\Pi}_{i,h}\boldsymbol{N}_{i,r} \tag{3-60}$$

桥梁结构健康状态下的Hankel矩阵 $\boldsymbol{\Pi}_{i,r}$ 表达如下，

$$\mathbf{\Pi}_{i,h}=\begin{bmatrix}\rho_{ih,1} & \rho_{ih,2} & \cdots & \rho_{ih,p}\\ \rho_{ih,2} & \rho_{ih,3} & \cdots & \rho_{ih,p+1}\\ \vdots & \vdots & \ddots & \vdots\\ \rho_{ih,p} & \rho_{ih,p+1} & \cdots & \rho_{ih,p+q-1}\end{bmatrix}_{p\times q} \tag{3-61}$$

式中　$\rho_{ih,p+1}$ —— $\varepsilon_{i,h}(x)$ 与 $\varepsilon_{p+1,r}(x)$ 之间的向量夹角。

若第 $i$ 个测点的准静力应变影响线覆盖的区域内没有发生损伤，则向量 $\zeta_i$ 接近零向量；但是考虑噪声影响，该向量一般不为零向量，为了计算该指标，定义如下结构损伤定位因子 $\eta_i$，

$$\eta_i=\|\zeta_i\|=\sqrt{\zeta_i^{\mathrm{T}}\cdot\zeta_i} \tag{3-62}$$

若在桥梁健康状态下，桥梁荷载试验重复 $Q$ 次，损伤判定阈值定义为：

$$T_i=\xi_i\frac{1}{Q}\sum_{v=1}^{Q}\eta_{i,v},(v=1,2,\cdots,Q) \tag{3-63}$$

式中　$\xi_i$ ——加权因子。

该加权因子取决于桥梁健康状态下准静力应变影响线的置信水平，其计算方法为通过健康状态下的准静力应变影响线，求取 $\eta_i$ 的最大值和最小值并做差。

桥梁待诊断状态下的 Hankel 矩阵可由下式计算得到，

$$\mathbf{\Pi}_{i,d}=\begin{bmatrix}\rho_{id,1} & \rho_{id,2} & \cdots & \rho_{id,p}\\ \rho_{id,2} & \rho_{id,3} & \cdots & \rho_{id,p+1}\\ \vdots & \vdots & \ddots & \vdots\\ \rho_{id,p} & \rho_{id,p+1} & \cdots & \rho_{id,p+q-1}\end{bmatrix}_{p\times q} \tag{3-64}$$

式中　$\rho_{id,p+1}$ —— $\varepsilon_{i,d}(x)$ 与 $\varepsilon_{p+1,r}(x)$ 之间的向量夹角。

利用式（3-51）可计算待诊断状态下第 $i$ 个测点的 $\zeta_i^*$，如下式所示：

$$\zeta_i^*=\mathbf{\Pi}_{i,d}\mathbf{N}_{i,r} \tag{3-65}$$

与式（3-49）相似，可计算得到待诊断状态下的桥梁结构损伤定位因子 $\eta_i^*$。

本节所提算法的整体框架主要包含 3 个部分：基准状态下的桥梁结构、健康状态下的桥梁结构以及待诊断状态下的桥梁结构，算法总体分为 3 个步骤，具体描述如下：

步骤一，将第一次准静力试验得到的结果作为基准状态，通过试验得到的准静力应变影响线，构造 Hankel 矩阵 $\mathbf{\Pi}_{i,r}$，并计算得到零空间 $\mathbf{N}_{i,r}$。

步骤二，在运营初期，认为桥梁结构处于健康状态，利用第 $i$ 测点的实测准静力应变影响线和参考状态下的零空间 $\mathbf{N}_{i,r}$，计算得到健康状态下的桥梁结构损伤定位因子 $\eta_i$ 以及损伤判定阈值 $T_i$。

步骤三，对于待诊断状态的桥梁结构，重复上述操作得到新的损伤定位因子 $\eta_i^*$，通过比较 $\eta_i^*$ 与阈值 $T_i$ 的大小，确定第 $i$ 测点处是否发生损伤。

# 第 4 章　准静力影响线法桥梁结构损伤诊断的模型试验研究

本章是在第 3 章数值模拟算例的基础上，采用缩尺寸桥梁模型试验，进一步试验研究准静力影响线法桥梁结构损伤诊断方法。首先，介绍了缩尺寸桥梁模型、加载车及影响线采集设备的具体设计细节；其次，分别针对基于准静力位移影响线的桥梁结构损伤诊断方法、基于准静力应变影响线的桥梁结构损伤定位方法，具体阐述了模型试验的设计方案；再次，利用模型桥试验数据，进一步讨论了加载车非一致性、算法鲁棒性及抗噪能力等关键问题；最后，对比验证了所提算法的有效性。

## 4.1　模型桥梁试验设计

针对基于准静力位移、应变数据的损伤快速诊断方法的模型试验，主要思路为：设计简支梁桥试验模型、加载车辆模型、行车自动测距系统等，考虑桥梁的横向分布，通过拆减桥梁横向联系来模拟损伤。

### 4.1.1　桥梁模型设计

进行试验要保证模型与实桥在研究中存在相似关系，由模型的受力特性反映实际结构特性，通过对模型与实桥跨径、材料等关系的计算确定模型尺寸，将试验结论应用实桥中。桥梁模型设计需选定相似比，常用于确定结构相似比的指标包括结构的尺寸，密度、容重、弹性模量、泊松比等材料特性，以及荷载作用下的应力、应变、位移等结构响应。本试验所采用桥梁模型与实桥各项参数的相似比如表 4-1 所示。

**表 4-1　桥梁模型与实桥各项参数的相似比**

| 项目 | 实际桥梁 | 模型桥梁 | 相似比 |
|---|---|---|---|
| 跨径 | 35m | 2.5m | 14∶1 |
| 抗弯刚度 | $2.3\times10^{16}$ Pa·mm$^4$ | $1.2\times10^{12}$ Pa·mm$^4$ | 19166.67∶1 |
| 中性轴高度 | 1425.61mm | 113.51mm | 12.56∶1 |

经计算后确定，该模型为一座由 3 片铝合金 T 梁组成的简支梁桥，截面如图 4-1 所示，两端各平缓连接一张桌子作为上引道。

#### 4.1.1.1　T 梁支座加固设计

支座是桥梁重要传力装置。模型桥在设计中要考虑有足够的强度、刚度以及适应不用试验方案的调整。室内条件下选用钢块模拟简易支座，如图 4-2(a) 所示。预留出与 T 梁

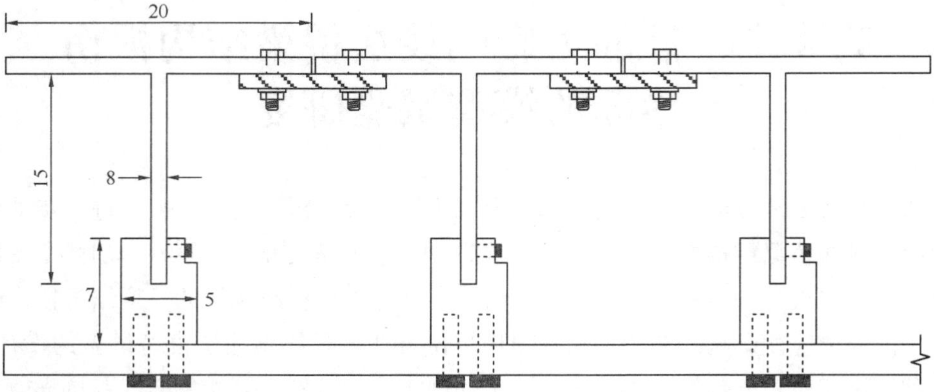


图 4-1　模拟试验桥梁模型整体图

腹板厚度相同宽度的凹槽支承 T 梁，如图 4-2(b) 所示；预留两螺纹孔既可通过松紧螺杆调整 T 梁放置的高度，又能夹紧固定 T 梁，如图 4-2(c) 所示。

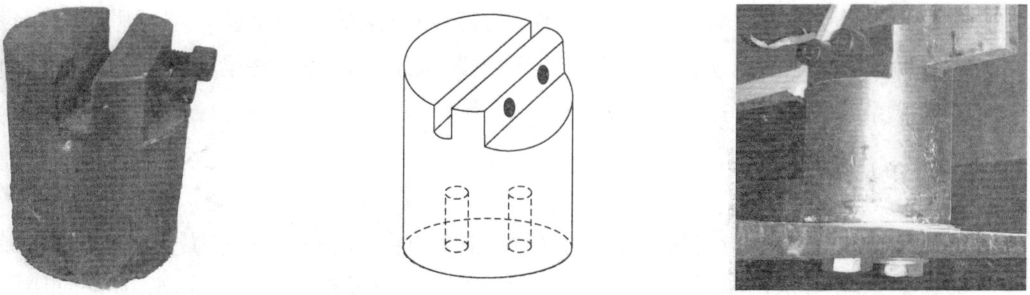

(a)　(b)　(c)

图 4-2　T 形梁连接支座图

(a) 整体图；(b) 竖向凹槽；(c) 预留螺栓孔

桥梁模型的支承压力通过固定点传递，支座要求固定保证底部平整不移动。因此在安装架、支座底部对应打螺纹孔，支座与安装架之间垫铝合金垫片，并通过螺栓使支座固定。支座整体连接如图 4-3 所示。

图 4-3　T 梁连接支座整体图

打孔、垫铝合金片的连接方式既适应梁端十分微小的转动与伸缩变形的要求，承受支点荷载，又避免支座在加载中的不规律移动或下沉干扰传感器监测数据。

#### 4.1.1.2　下部支架加固设计

桥模下部采用由 H 型钢焊接的支架模拟，承受支座传递的荷载并通过基础将荷载传至地基。桥梁支架底座通过方形过渡，并依次在四角打入 4×4 共计 16 个膨胀螺栓其与地面稳定相连，如图 4-4(a) 所示。本试验的核心构件是上部结构的 T 梁，由于监测信号的灵敏度较高，各项试验条件都要围绕着减小干扰性振动，保持桥梁模型整体结构稳定性进行考虑加载试验时支架顺桥向微小偏移振动及横桥向支架的轻微振动，因此要通过加固方式增大下部结构整体刚度，两端支架分别用槽型钢斜向焊接加固，再用两侧槽钢焊接连接，如图 4-4(b) 所示。

(a)　　(b)

图 4-4　下部支架加固设计

(a) 支架底座连接；(b) 横桥向支架斜向横撑加固

#### 4.1.1.3　桥梁特定损伤模式设计

合理模拟损伤是本研究开展诊断算法试验研究的核心内容。考虑试验需要根据不同的方案反复进行，采用“桥梁横向联系破损”的特定损伤模式，相邻 T 梁间由“紧固螺栓＋钢垫块”模拟横向联系，钢块在翼缘板下侧，如图 4-5(a) 所示。

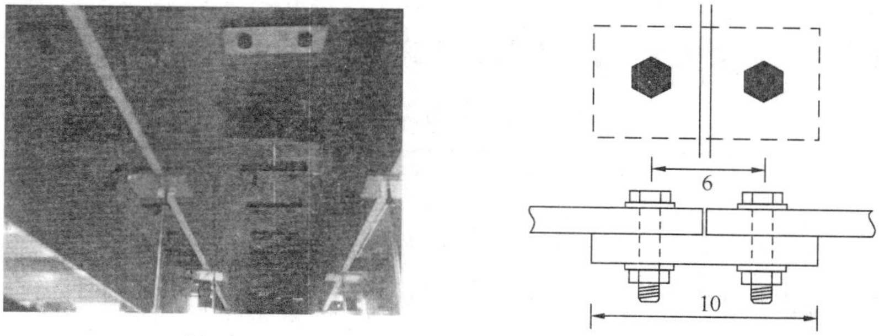


(a)　　(b)

图 4-5　钢垫块模拟横向联系

(a) 翼缘板底部钢垫块；(b) 钢垫块连接 T 梁断面示意图

模拟健康状态，拧紧螺栓将钢垫块与翼缘板贴合；模拟损伤工况，拆下钢垫块即使横向联系破损，损伤前后桥梁结构整体刚度下降也会导致结构响应的变化。

桥梁结构损伤快速诊断要重点研究小损伤诊断。横向联系基数较大，破损 1 个或很少横向联系桥梁整体刚度变化小即可模拟小损伤。

试验模型设置横向钢垫块为 22 块，如图 4-6 所示，11＃钢垫块横向联系细部设计如图 4-6 所示。制作完成后的试验桥梁模型整体如图 4-7 所示。

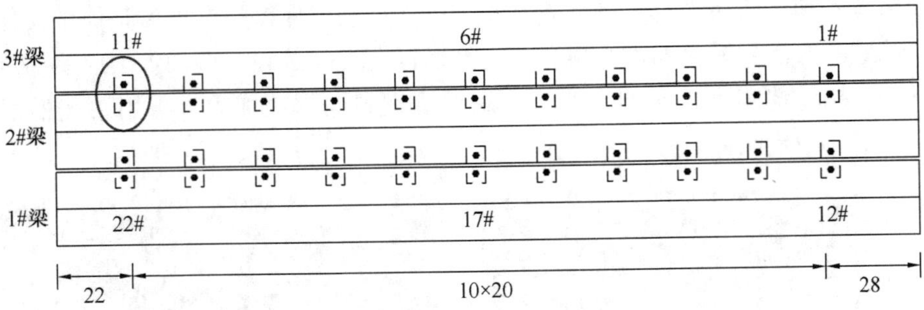


图 4-6　全桥模型横向联系布置图（单位：cm）

图 4-7　模拟试验桥梁模型整体图

### 4.1.2　加载车路径辅助设计

已有合金钢材料的加载车模型是与实际加载车按照相应比例缩尺寸制作，保证模型桥梁与实际桥梁的梁底应变相同，模型车与实车参数对比如表 4-2 所示。

**表 4-2　模型车与实车参数对比**

| 项目 | 实际加载车 | 模型加载车 | 比例 |
|---|---|---|---|
| 重量 | 15t | 120kg | 125 |
| 轮距 | 1.8m | 128mm | 14 |
| 前轴-中轴轴距 | 3.8m | 260mm | 14 |
| 中轴-后轴轴距 | 1.4m | 100mm | 14 |

已知车重 20kg，加载需配重 5×20kg，参考实际加载车辆装配式加载，模型车采用重心偏后配重设计，如图 4-8(a) 所示。由于桥梁模型横向钢垫块较多，桥面上螺帽密度大，模型车轮距较小容易与螺帽卡碰中断行进，为此设置了滑轮与导轨以保证加载车的通畅行进。在加载车四角安装水平滑轮，如图 4-8(b) 所示。

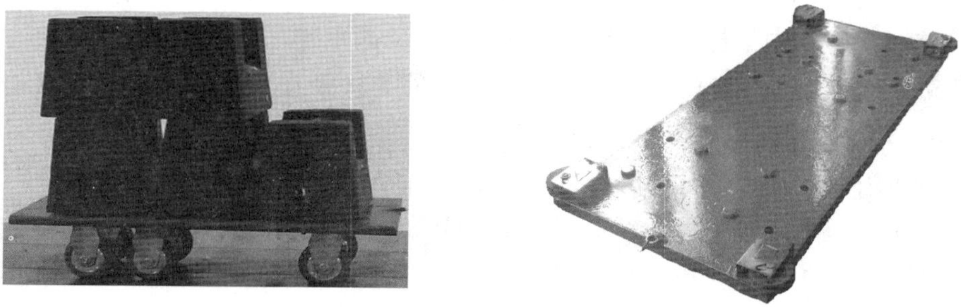

(a)　　(b)

图 4-8　加载车辆模型

（a）加载车模型配重方式；（b）加载车加装滑轮

在小车行进两侧安装方形铝材滑轮导轨，两端利用支架固定，如图 4-9 所示。

(a)　　(b)

图 4-9　路径优化后加载车行进

（a）安装双侧长导轨；（b）导轨引导效果

### 4.1.3　行车位置测定系统

获取各工况下桥梁结构影响线数据，需要得到与响应数据相对应的加载车辆行进位置信息。为此，本试验采用树莓派 3b（raspberry）和 HC-SR04 超声波测距模块测定加载车行车位置，如图 4-10 所示。

树莓派是一款基于 ARM 的微型计算机主板，以 SD/MicroSD 卡为内存硬盘，具备

(a)　　(b)

图 4-10　行车位置测定系统设备

（a）树莓派 3b 主板；（b）HC-SR04 超声波测距模块

PC 基本功能，支持 Python 作为主要编程语言。通过总线扩展器与 HC-SR04 超声波传感器模块相连，执行“测距与无线传输”程序便可自动测距并存储。

HC-SR04 超声波测距模块可提供 2～400cm 的非接触式距离感测功能，测距精度可高达 2mm，其测距的基本原理如下：

（1）执行开始程序，给脉冲触发引脚（trig）输入一个≥10μs 的高电平方波。

（2）方波输入后，模块自动发送 8 个 40kHz 的方波，与此同时回波引脚（echo）端的电平会由 0 变为 1，启动定时器计时记 $t_1$。

（3）当超声波遇障碍物返回被模块接收，回波引脚端电平会由 1 变为 0，停止定时器计时记 $t_2$，该时间差即为超声波由发射到返回的总时长。

（4）根据公式自动计算距离：距离$=(t_2-t_1)\times$声速 340m/s/2。

此外，树莓派与超声波模块采用无线控制、传输功能。在远程登录安全协议 SSH 客户端 Putty 上输入树莓派 IP 地址，进入树莓派后台，执行远程登录指令 tightvncserver 查询登录序号，通过 VNC-Viewer 软件在笔记本电脑登录到树莓派。

利用 Python 编程语言编写自动测距程序：

（1）以 10Hz 频率输出测量距离 $s$（单位：m），保留小数点后 3 位。

（2）输出自开始计时到每一次输出距离的累积时间到 $t_3$（单位：s）。

开展实验时，将树莓派放置在加载车尾部，竖立尺寸为（0.7m×0.7m）的平整木板反射超声波。测量时加载车前轮中轴线与桥模上桥端的距离 $d$。试验中小车启动位置固定，因此当行车距离测量值变化量 $\Delta s\geqslant d$ 时判断车已上桥，此后的距离、时间数据变能确定加载车行进间的准确位置信息。

开展实验时，同时开启影响线数据采集系统与行车测距系统。在 Python 语言环境下执行自动测距程序后，树莓派记录的数据会实时显示在笔记本电脑上，通过 FileZilla 软件将数据转移至笔记本电脑存储。以行车距离结合采集的位移数据为例，利用 MATLAB 处理可得时间对应下的桥梁模型准静力影响线数据图与行车距离图，如图 4-11 所示，由此可建立“位移—行车”影响线。

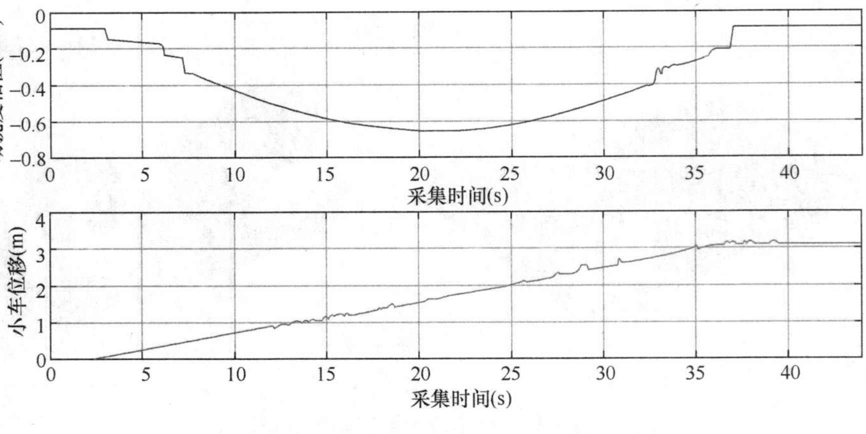


图 4-11　行车位置数据、损伤诊断数据绘图

# 4.2 桥梁结构损伤诊断的试验方案设计

## 4.2.1 基于准静力位移影响线的结构损伤诊断试验方案

基于相同监测点在不同工况下各组影响线数据之间差别性的损伤诊断，即同点异组间数据差别损伤诊断，简称为“同点异工况间诊断”，记方法 1。

基于相同监测面上不同测点差值影响线在不同工况下的变化量的损伤诊断，即同面数据差值异工况差别诊断，简称为“同面差值异工况间诊断”，记方法 2。

**基于准静力位移数据的试验实施**

本次试验要验证方法 1、方法 2 对相同损伤开展损伤诊断的效果，从试验角度对方法 2 和方法 1 对同种损伤的诊断进行算法性能的验证。设置加载车在 1＃、2＃梁间行进，如图 4-12 所示。

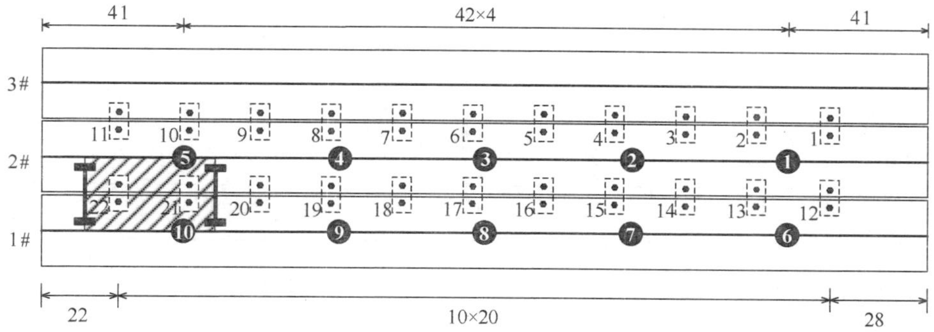


图 4-12　试验桥梁的传感器及横向联系布置图（单位：cm）

传感器布置：所提方法是建立在观测点之间的夹角变化来确定损伤，因此，需要在试验桥上选取多个挠度测点，由于 1＃和 2＃梁承受加载车活载，所以选取 1＃和 2＃T 梁，共布置 10 个位移传感器，每片 T 梁上均匀布置 5 个位移传感器，传感器距离支点 41mm，每个传感器之间间距 42mm，具体布置方案如图 4-12 所示。

桥梁结构损伤工况模拟：损伤工况模拟主要采用横向联系的破坏。横向联系由相邻 T 梁间的钢垫块及螺栓模拟，钢垫块在翼缘板下侧，如图 4-13 所示。试验桥梁共有 22 个钢垫块，每两片梁间用 11 个钢垫块连接，钢垫块距离支点处分别为 22mm 和 28mm，钢垫块之间间距为 20mm。模拟健康状态时，紧固 22 个钢垫块的螺栓；模拟损伤状态时，按需求灵活拆卸需要破坏的横向联系位置。为了验证所提方法的有效性及与传统方法比较具有的优势，一共进行了 32 种不同试验工况的模拟，共绘制出 320 条挠度影响线，具体的试验工况如表 4-3 所示。

试验中的各种工况及过程描述细节如下：

（1）当模型桥梁结构无损伤时，将一个自重为 20kg，砝码为 100kg，总重 120kg 小车匀速通过试验桥梁，小车行驶在 1＃和 2＃T 梁上，从一侧的桌子起步穿过试验桥梁再

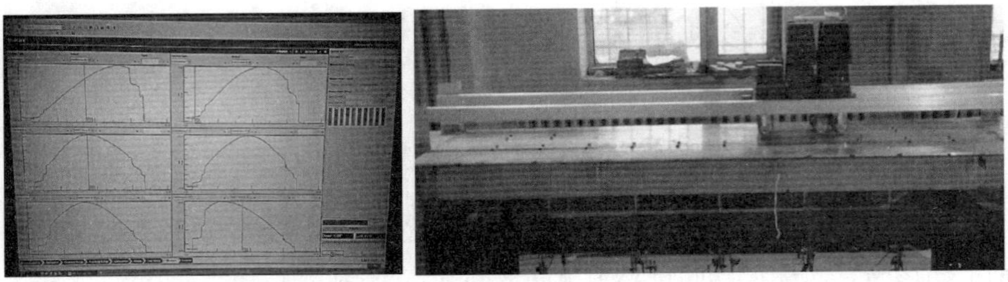

(a) (b)

图 4-13 试验过程软件、模型示意图

(a) 数采系统示意图；(b) 加载车及桥梁结构缩尺模型

**表 4-3 试验工况说明**

| 工况编号 | 工况情况 | 工况编号 | 工况情况 |
| --- | --- | --- | --- |
| 1 | 参考，车重为 120kg | 17～18 | 拆 8＃联系，车重为 120kg |
| 2～10 | 健康，车重为 120kg | 19～20 | 拆 10＃联系，车重为 120kg |
| 11～12 | 拆 2＃联系，车重为 120kg | 21～30 | 重复 11～20 工况，车重变为 100kg |
| 13～14 | 拆 4＃联系，车重为 120kg | 31～32 | 健康，车重为 100kg |
| 15～16 | 拆 6＃联系，车重为 120kg | | |

停止在另一侧的桌子上，记录小车匀速通过试验桥梁时，10 个位移传感器采集的 10 个不同观测点的挠度影响线，此次试验作为参考状态。

（2）模型桥梁健康状态下，小车重 120kg 时，再重复 9 次试验作为健康数据（车重 120kg)。

（3）依次破坏模型桥梁的 2＃、4＃、6＃、8＃、10＃横向联系，小车重 120kg，这 5 种损伤模式下各做两次试验，这 10 次试验作为损伤数据（车重 120kg)。

（4）加载车重变为 100kg 时，重复 2＃、4＃、6＃、8＃、10＃横向联系依次破坏的 5 种损伤模式，每种工况下各做两次试验，这 10 次试验作为损伤数据（车重 100kg)。

（5）在加载车重 100kg 下，重复 2 次模型桥梁健康状态的试验作为健康数据（车重 100kg)。

试验前，利用直径 0.8mm 的钢丝绳牵引加载车在轨道间行进，调整车速保持 $v=0.08\text{m/s}$；试验时同时开启位移数采系统和行车测距系统，如图 4-13 所示。

## 4.2.2 基于准静力应变影响线的结构损伤诊断试验方案

### 4.2.2.1 光纤传感器布设方案

本试验拟采用鞍山睿科光电技术有限公司生产的 RP1020 应变采集系统，其主要技术性能指标如表 4-4 所示。

**表 4-4　RP1020 应变采集系统主要技术指标**

| 技术指标 | 参数 | 技术指标 | 参数 |
|---|---|---|---|
| 传感距离 | 20km | 测量精度 | 1℃ / 20$\mu\varepsilon$ |
| 空间分辨率 | 20cm | 测量时间 | 2s ～几 min |
| 采样分辨率 | 5cm | 应变测量范围 | −15 000～15 000$\mu\varepsilon$ |
| 扫频范围 | 10～13GHz | 平均次数 | $2^5$～$2^{16}$ |

该设备采用最新的 DPP-BOTDA 差分脉冲对布里渊光时域分析技术，采样频率为 5cm，是目前行业先进的具备温度、应变厘米量级高空间分辨率光纤传感系统，可存储布里渊频移、相对应变、相对温度等几种格式数据。

该采集系统需要根据测量精度需求、测量时间限制、光纤长度、扫频范围等参数进行选定，如图 4-14 所示。其主要包含以下四方面：

（1）采集卡参数：空间分辨率、采样分辨率、平均次数。

（2）测量参数：起始点、截止点、EDFA 光强度（mV）。

（3）光线参数：折射率、温度系数、应变系数。

（4）扫频参数：初始频率、步长、截止频率。

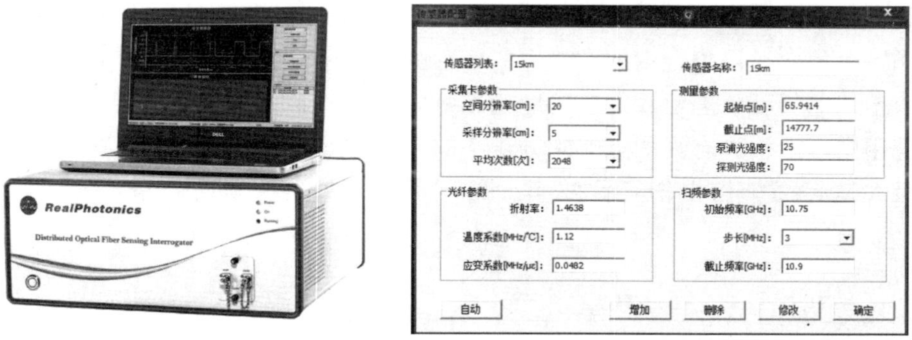


(a)　　　　(b)

图 4-14　RP1020 应变采集系统示意图

（a）RP1020 应变采集设备；（b）RP1020 传感器参数配置

本试验中选取外径 2mm 的康宁单模光纤，由纤芯、包层、涂覆层组成，对光的传播起决定性作用的纤芯和包层直径约为 1mm，截面构成如图 4-15(a）所示。此外，光纤需要与光纤连接器（又称跳线）融接后才能与应变采集设备连接，选取 APC 接头的单模跳线，如图 4-15(b）所示。

本节所用的试验模型与 4.4.1 节中相同，试验中通过 22 个连接片对两片 T 形梁之间的横向联系进行模拟，不同程度的损伤通过调节连接片螺栓的松紧实现。试验中，考虑移动车辆荷载作用于 1＃梁和 2＃梁，光纤仅布设在这两片梁底，光纤的空间分辨率为 5cm，每片梁上有 25 个测点。

#### 4.2.2.2　基于多断面应变响应的试验实施

根据试验前对 RP1020 应变数据采集系统的调试可知，在设置传感器配置参数后，系

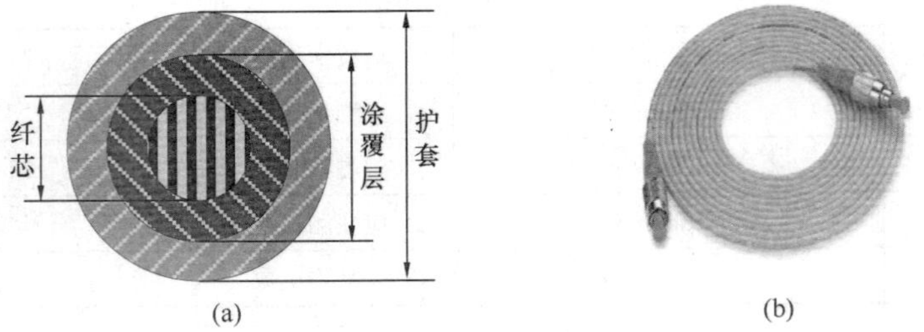


图 4-15　单模光纤及跳线示意图

(a) 光纤截面示意图；(b) 光纤跳线

统每测量一次数据需要 1.5min。为了得到损伤工况下结构响应的可靠数据，每次测量 4 次及以上，求取多次数据的平均值作为待处理的布里渊频移数据。

本节的模型试验中通过 22 个连接片对两片 T 形梁之间的横向联系进行模拟，不同程度的损伤通过调节连接片螺栓的松紧实现。试验中，考虑移动车辆荷载作用于 1＃梁和 2＃梁，光纤仅布设在这两片梁底，光纤的空间分辨率为 5cm，每片梁上有 25 个测点。

试验中，将桥梁纵向划分为 5 个区域，每个区域包含 10 个测点，将同一区域内的测点得到的准静力应变影响线归为一类。在损伤定位过程中，每个区域内的试验数据均被视作一个集合，该集合内的准静力应变影响线产生的损伤定位因子均对应该区域。应变反映结构的局部状态，较远处的应变影响线将影响该区域的损伤定位精度；同时，在实际应用中，采用具有高测点空间分辨率的 BOTDA 技术将得到大量测点，上述分类方法将极大地提高结构损伤定位效率。光纤布置以及损伤横向联系示意，如图 4-16 所示。

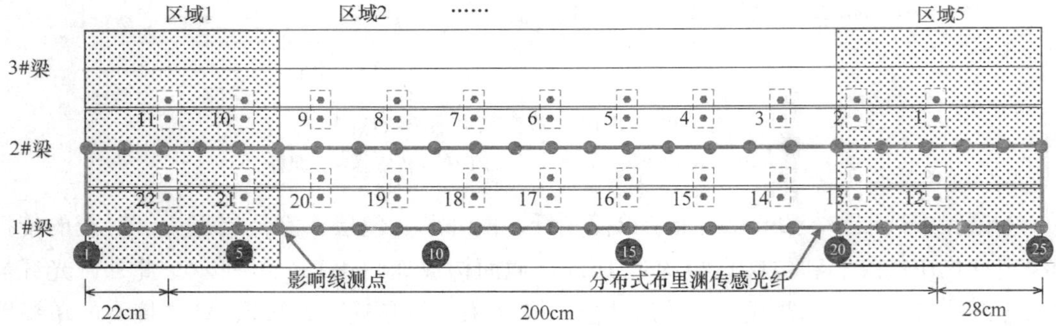


图 4-16　光纤布置以及损伤横向联系示意图

为了使各工况下每个光纤应变采集点获得布里渊频移数据，规定加载车前轮从桥梁模型左端上桥并距离左端 10cm 位置为 1 点，随后开启 RP1020 应变采集系统；采集好布里渊频移后，移动前轮到距左端 20cm 的位置记为 2 点，再次开始数据采集，数采系统实时采集过程如图 4-17 所示。

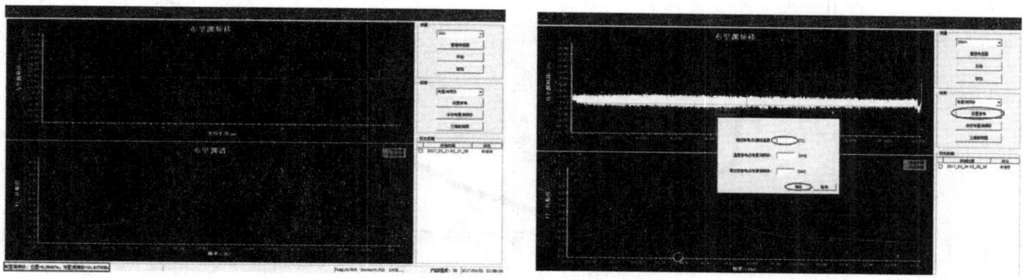

(a)　　(b)

图 4-17　RP1020 数采系统数据采集

(a) 布里渊频移数据采集示意图；(b) 相对应变数据采集示意图

## 4.3　算法有效性的模型试验验证

### 4.3.1　基于准静力位移影响线的桥梁结构损伤诊断结果

#### 4.3.1.1　结构损伤前后加载车重相同的识别结果

试验工况取表 4-3 中的 1～20，其中参考状态工况 1 次，健康工况 9 次，损伤工况 10 次。每种工况下的 10 条影响线可自由组合不重复的 45 对向量夹角，由式（3-9）计算向量夹角，按式（3-13）把 45 个向量夹角排列成 22 行 24 列的 Hankel 矩阵（Hankel 矩阵的行数取值在 3.4 节中介绍），每种工况下可得到一个 Hankel 矩阵共计 20 个。取参考状态下 Hankel 矩阵由式（3-17）计算，参考状态下 Hankel 矩阵的右零空间 $\boldsymbol{N}_r$，再由式（3-20）计算其余 19 次的损伤指标 $\gamma_c$，如图 4-18 所示，其中前 9 次（实心点标记）为健康状态下的损伤指标，后 10 次（空心圆标记）为损伤状态下的损伤指标，可以看出两者呈明显的差异。

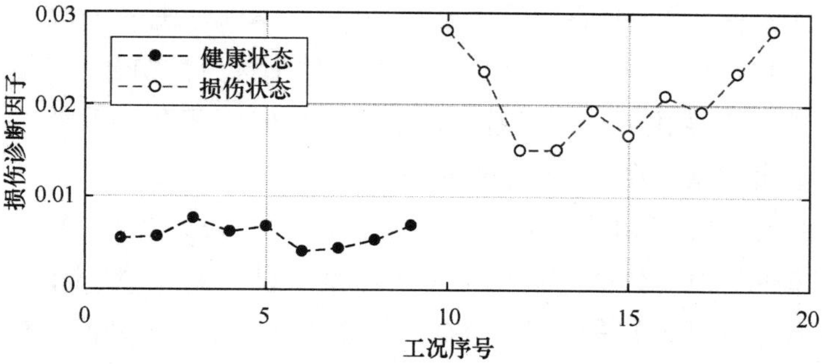


图 4-18　损伤前后相同加载条件下损伤诊断因子（本章所提方法）

同时，使用传统的影响线差值方法做了对比试验。由于传统方法基于同一测点的损伤前后两次的影响线做差来识别损伤，所以只需要用到一个传感器即可，取 10＃传感器的 20 次工况的影响线数据汇总在图 4-19 中，通过肉眼很难识别出健康数据与损伤数据影响线的差异，使用传统方法将健康 9 次与损伤 10 次的数据分别减去参考状态的数据得到图 4-20 所示结果。如图 4-20 所示，使用传统方法并未区分出健康数据与损伤数据的区别，

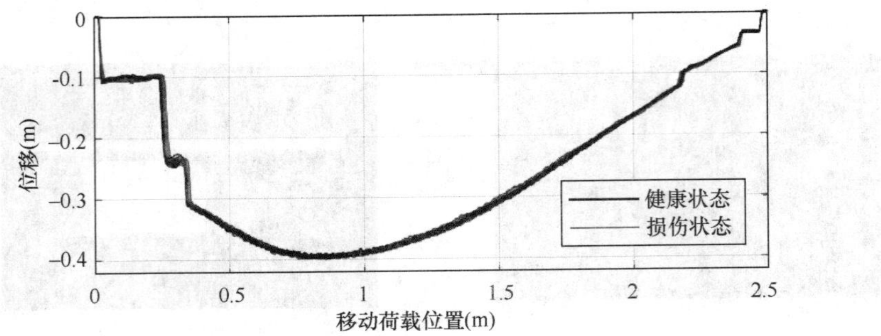


图 4-19 在损伤前后相同载荷条件下实测位移影响线

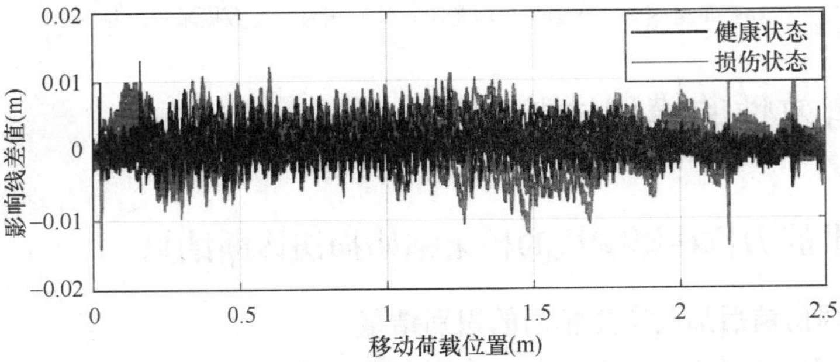


图 4-20 损伤前后相同加载条件下实测位移影响线差异（传统方法）

这主要是因为试验采集的动挠度波动较大如直接做差并非像模拟算例中是一条直线，而是一条波动线，因此，很难将传统的影响线差值方法用在实际工程中。

#### 4.3.1.2 损伤前后加载车重不同的识别结果

试验工况取表 4-3 中的 1～10 及 21～32，其中车重 120kg 下，参考状态工况 1 次，健康工况 9 次，车重 100kg 下，损伤工况 10 次，健康工况 2 次。每种工况下可得到一个 Hankel 矩阵共计 22 个。参考状态的 Hankel 矩阵的右零空间 $\boldsymbol{N}_r$ 的车重为 120kg，其余 21 次的损伤指标 $\gamma_c$，其中 9 次的车重为 120kg，12 次的车重为 100kg，损伤诊断因子的结果如图 4-21 所示。在车重变化下，可以看出以 120kg 的健康数据作为参考，前 9 次数据为车重 120kg 时的健康数据，在 10 次为车重 100kg 时的损伤数据，最后 2 次为车重 100kg 时的健康数据。由图 4-22 可知，车重虽然发生了变化，但是 120kg 车重的健康数据的损伤指标与 100kg 车重的损伤数据的损伤指标仍然呈明显的差异性，同时 120kg 车重的健康数据的损伤指标与 100kg 车重的健康数据的损伤指标处于一个阈值分布范围内。

使用传统的影响线差值方法已经无法判别，如图 4-21 所示，在车重发生变化后，图 4-23 为取 10＃传感器的 22 次工况的影响线数据汇总图。如图 4-23 所示，车重 120kg 下的挠度影响线与车重 100kg 下的挠度影响线有明显的区别，而 100kg 下的健康和损伤数据仍然无法通过肉眼识别。使用传统的影响线差值方法将车重 120kg 下健康 9 次试验、车重 100kg 下损伤 10 次试验及车重 100kg 下健康 2 次试验的数据分别减去车重 120kg 下参考状态的试验数据，最终得到图 4-21 所示的结果。如图 4-21 所示，在相同车重下做差的健康数据挠度影响线呈一条波动直线，而不同车重下做差，健康与损伤数据都呈现曲线。

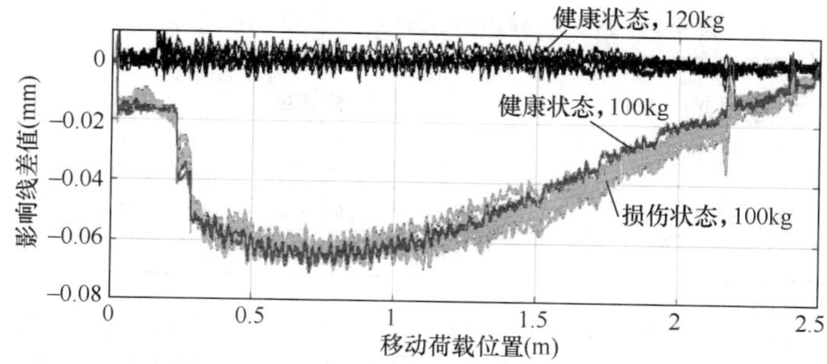


图 4-21　损伤前后不同加载条件下实测位移影响线差异（传统方法）

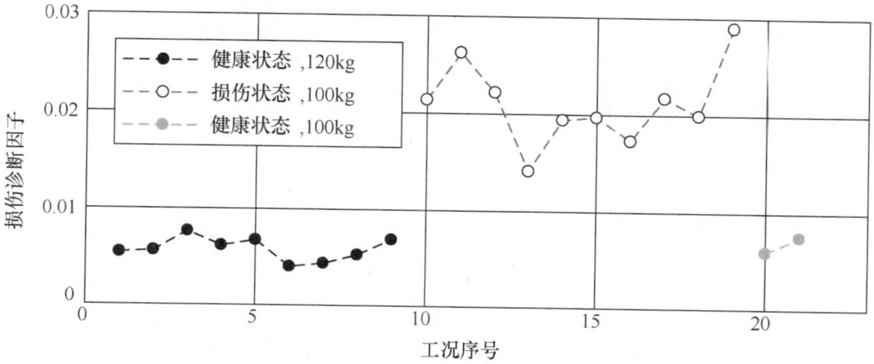


图 4-22　损伤前后不同加载条件下损伤诊断因子（本章所提方法）

使用传统方法已经完全失效。这是由于传统方法要求损伤前后的车重必须一致才可以做差，从而无法判别车重变化的情况。

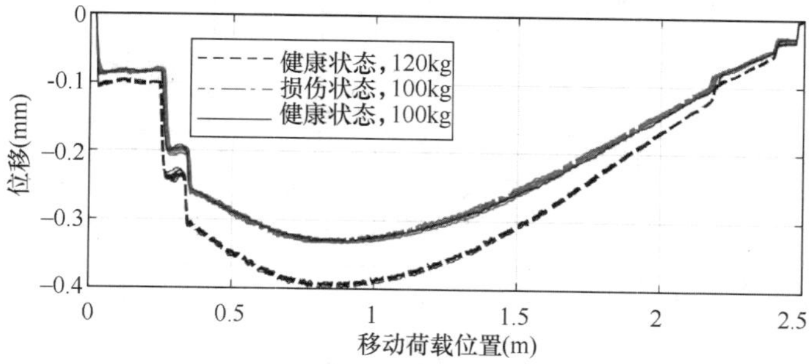


图 4-23　在损伤前后不同载荷条件下实测位移影响线

### 4.3.2　基于准静力应变影响线的桥梁结构损伤诊断结果

如表 4-5 所示，本书将设置四组损伤工况，比较所提方法与传统应变影响线差值方法的损伤定位性能。对于工况 1，共进行 9 次重复试验。将第一次试验作为基准状态，构造参考状态下的 Hankel 矩阵 $\mathbf{\Pi}_{i,r}$，并求解其零空间；将其他试验组视作桥梁健康状态，利用试验数据生成损伤定位阈值 $T_i$ 。对于损伤工况，仅拆除 1＃梁和 2＃梁之间的 17＃横向联系，损伤程度较小，可用于验证所提方法的有效性。每种损伤工况，仅进行一次试验；此外，工况 3 与工况 4 中的加载车重选取为 100kg，与另两种工况不同。

**表 4-5　基于准静力应变影响线数据的试验工况**

| 工况编号 | 工况情况描述 |
|---|---|
| 1 | 桥梁健康，车重为 120kg |
| 2 | 桥梁损伤，拆除 17＃联系，车重为 120kg |
| 3 | 桥梁健康，车重为 100kg |
| 4 | 桥梁损伤，拆除 17＃联系，车重为 100kg |

如图 4-24(a) 为试验工况 1 中 1＃梁前 5 个测点的准静力应变影响线，图 4-24(b) 为

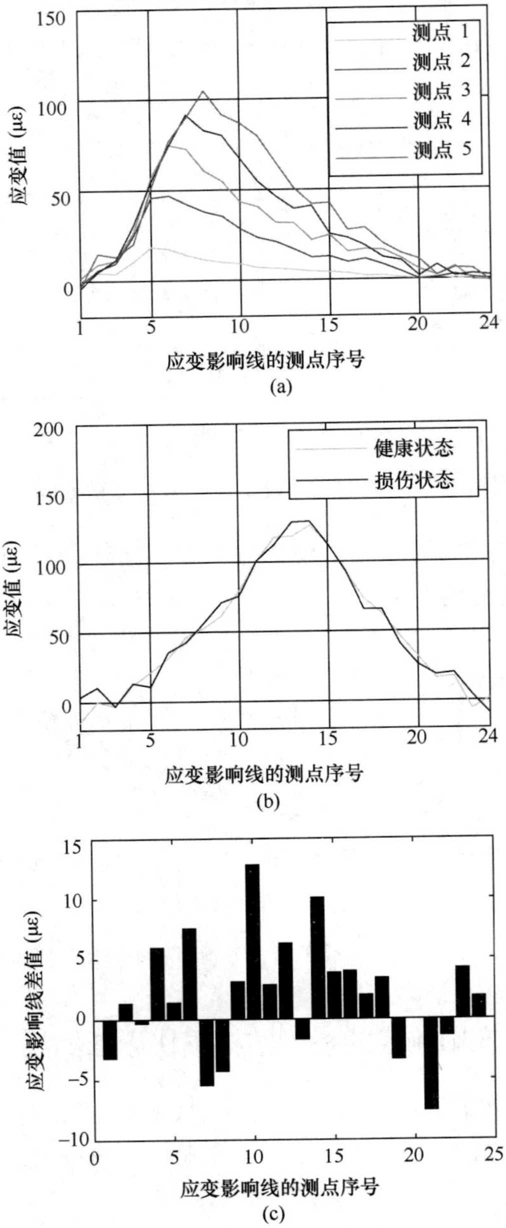


图 4-24　传统方法试验结果

(a) 试验工况 1 中 1＃梁前 5 个测点的应变影响线；(b) 试验工况 1、2 中 1＃梁 13＃测点的应变影响线；(c) 试验工况 2 损伤前后 13＃测点应变影响线差值

损伤前后 1＃梁上 13＃测点的准静力应变影响线对比图，由分析可知：通过直接对比准静力应变影响线，难以区分健康状态（工况 1）与损伤状态（工况 2）。图 4-24(c) 为利用传统方法得到的 13＃测点损伤前后应变影响线差值图；选取 13＃测点的原因是其距离损伤位置较近。显然，传统方法无法识别出损伤位置，这是由于在小损伤发生时，准静力应变影响线将不再是光滑的曲线，而呈现出波动特性，因此，准静力应变影响线的差值对损伤不再敏感。

图 4-25 为本书所提方法的试验结果。与传统方法相比，其损伤位置附近的损伤定位指标均大于阈值，如 1＃梁及 2＃梁中的 13＃测点；同时，这两个测点附近的 4 个测点对应的损伤定位指标值也较大，结果验证了所提方法的有效性。

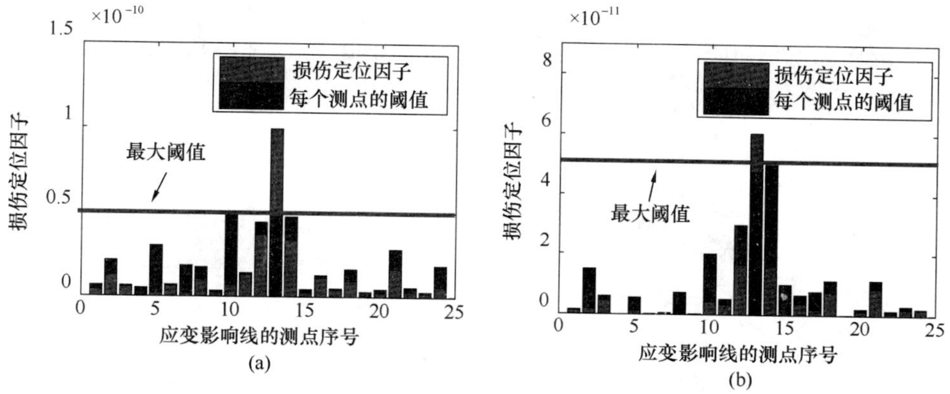


图 4-25　所提方法试验结果

(a) 1＃梁试验工况 2 诊断结果；(b) 2＃梁试验工况 2 诊断结果

为考虑损伤前后加载条件差异对损伤识别效果的影响，评估所提方法与传统方法的性能，分析对比了工况 1、3、4 的试验数据。图 4-26 中所示为工况 1 与工况 3 中 1＃梁 13＃测点的准静力影响线及其差值，可以发现两者差异较大。尽管工况 1 与工况 3 均处于健康状态，但是传统方法的判别结果有误，可见当损伤前后加载不同时，传统方法将失效。

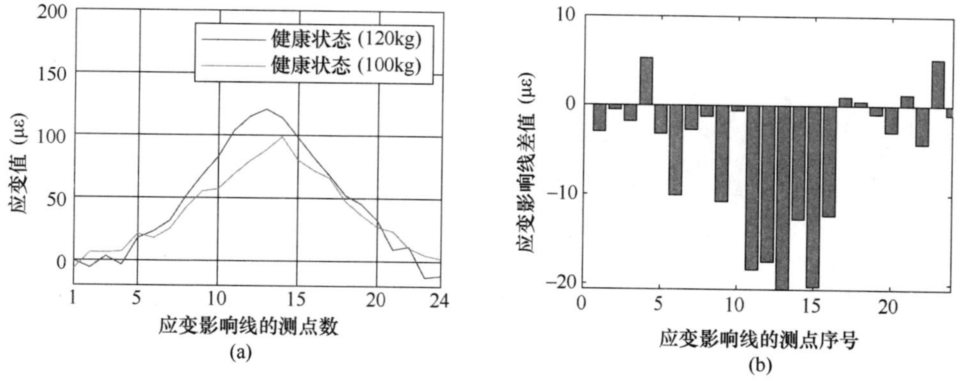


图 4-26　考虑加载情况影响的传统方法试验结果

(a) 试验工况 1、3 中 1＃梁 13＃测点的应变影响线；(b) 试验工况 3 损伤前后 13＃测点应变影响线差值

图 4-27 为本节所提方法的试验结果，由分析后可知：当损伤前后加载条件不同时，损伤仍能被较好地定位；此外，对于工况 1 和工况 3 中健康状态下桥梁结构，该方法也避免了损伤误判；与传统的基于准静力应变影响线差的损伤定位方法相比，所提的方法具有更好的鲁棒性和有效性。

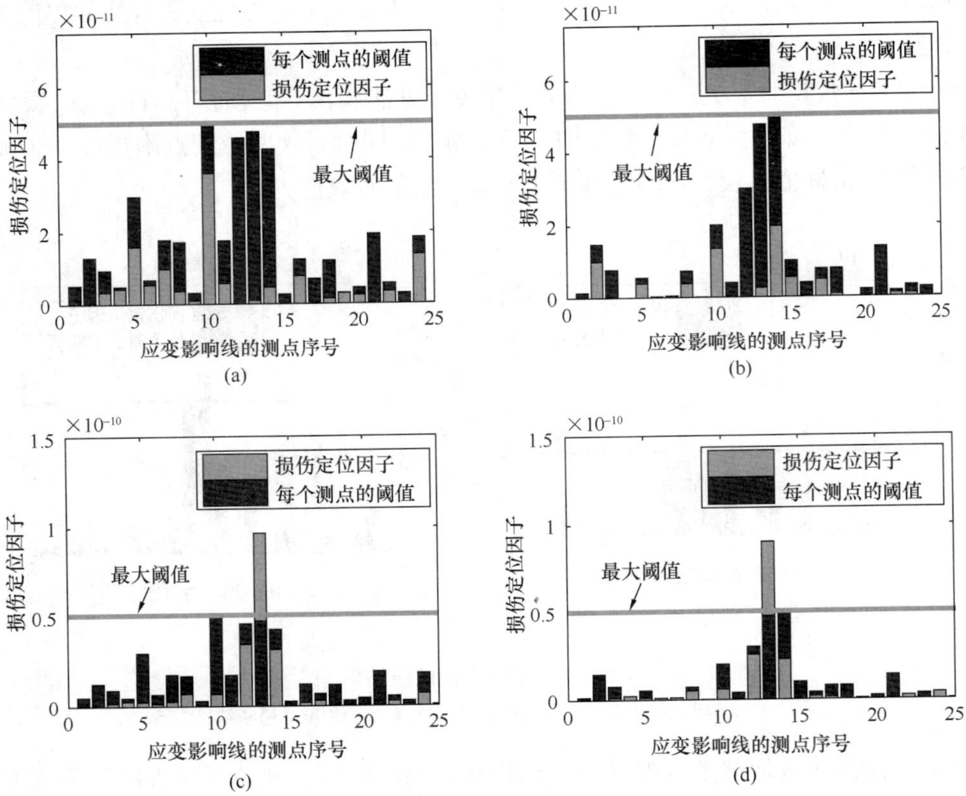


图 4-27　考虑加载情况影响的所提方法试验结果

(a) 1＃梁试验工况 3 诊断结果；(b) 2＃梁试验工况 3 诊断结果；

(c) 1＃梁试验工况 4 诊断结果；(d) 2＃梁试验工况 4 诊断结果

# 第 5 章　准静力影响线法桥梁荷载试验的工程实例

以前述各章研究内容为基础，本章以一座既有损伤桥梁及一座新建桥梁为研究对象，具体给出了准静力影响线法桥梁荷载试验与结构损伤诊断技术的实际工程应用步骤及流程。

## 5.1　既有桥梁结构荷载试验工程实例

### 5.1.1　既有桥梁工程简介

双鸭山市卧虹桥全桥长 291m，其中主桥（跨越铁路）31m，东引桥为 40m，西引桥为 220m，桥宽 18m，其中车行道 15m，人行道各 1.5m。全桥共分为 14 孔，由东至西排列第 1～4 孔为斜交、第 5 孔为过渡段、第 6～10 孔为正交，全桥照片如图 5-1 所示。

图 5-1　卧虹桥全桥照片

该桥梁结构的设计车速：40km/h；设计荷载：汽-超 20，挂-120。全桥结构为钢筋混凝土简支 T 梁，其截面形式如图 5-2 所示。

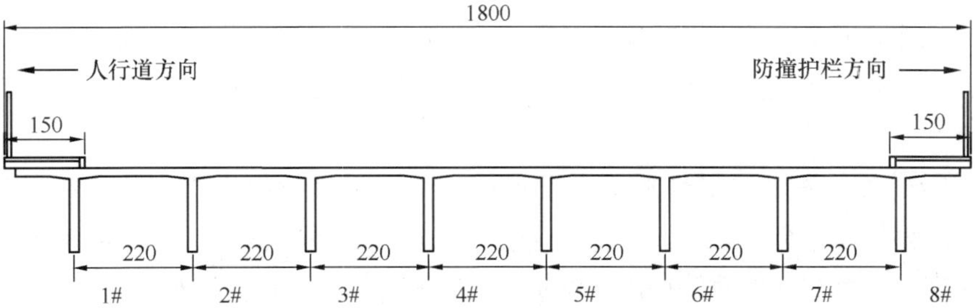


图 5-2　卧虹桥断面示意图（单位：cm）

由于受到汽车撞击，双鸭山市卧虹桥的第12孔各片主梁受到不同程度的破损，从而在一定程度上影响了该桥梁结构的承载能力。根据外观评测，1＃梁受伤情况较为严重，其损伤状况如图5-3、图5-4所示。

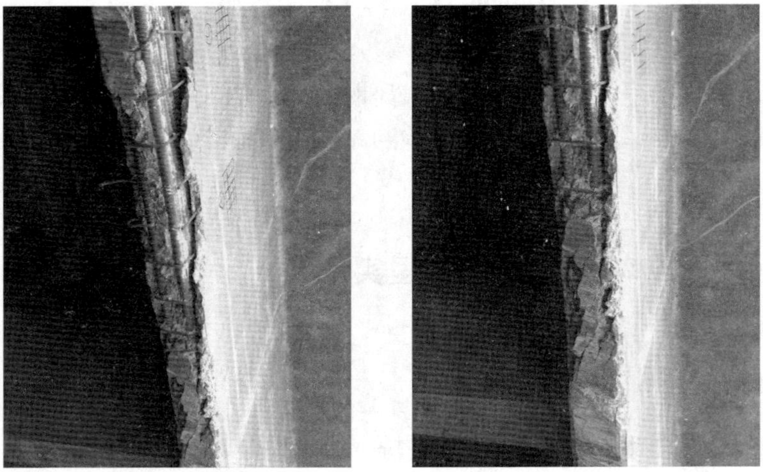

图5-3　1＃梁损伤图片

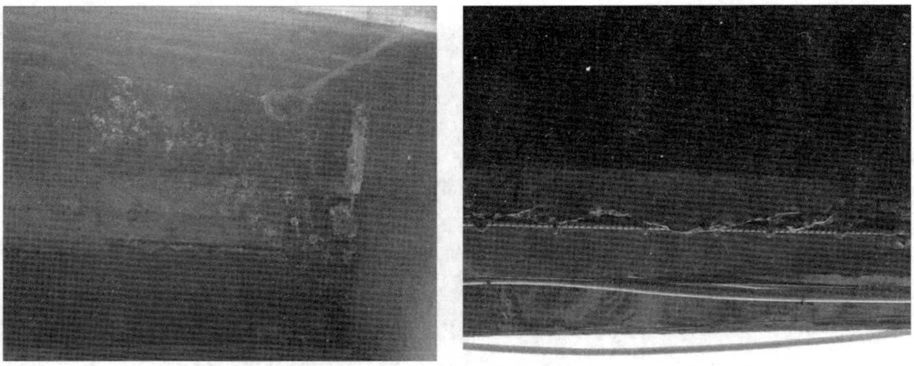

图5-4　1＃梁泛碱以及钢筋锈蚀图片

## 5.1.2　桥梁准静载试验

在准静载试验之前，建立双鸭山市卧虹桥的空间有限元模型，进行桥梁的设计车辆和试验工况的理论计算分析，取跨中截面为控制截面，根据计算得出的横向分布系数以及多车道横向折减系数可知：2＃梁的荷载总效应值最大，4＃梁的横向分布系数最大。因此，初步试验方案设计分别对2＃梁与4＃梁进行静力荷载检测试验，用位移计测定主梁的跨中竖向挠度。

而在实际试验过程中，受到现场桥梁实际条件所限（桥面进行人行道拆除），无法对4＃梁进行荷载检测试验；同时，考虑3＃梁的横向分布系数与4＃梁最为接近，因此，实际试验中选取2＃梁与3＃梁进行加载试验，从而近似等效偏心与对称加载工况。挠度测点布置如图5-5所示。

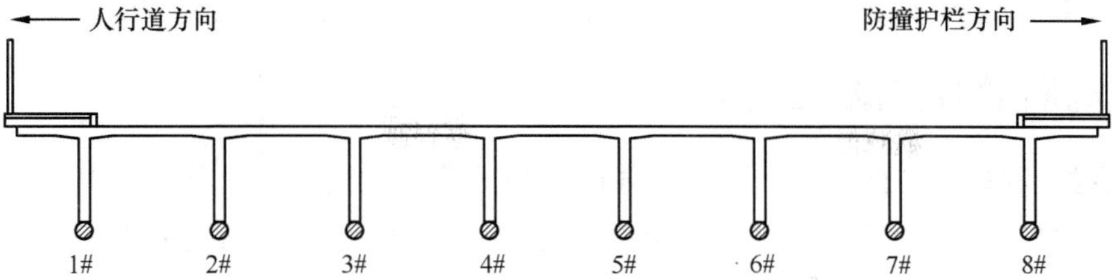


图 5-5　跨中截面变形测点布置图

静力试验荷载采用载重汽车，设计平均单车总质量 350kN，其中前轴重 70kN，中轴重 140kN，后轴重 140kN，各车轴重与轴距如图 5-6 所示。

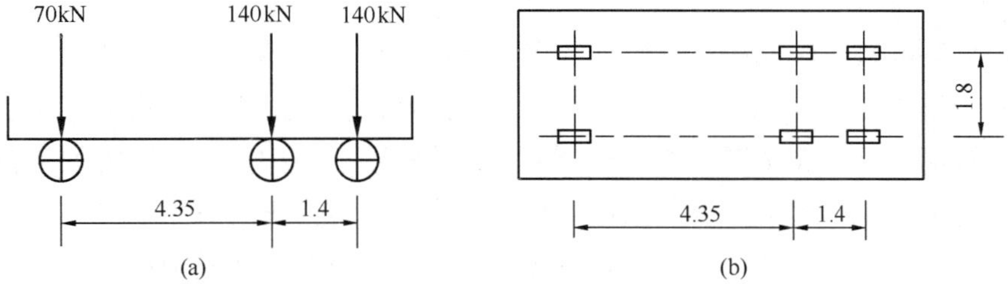


图 5-6　加载车辆轮距和平面布置图（单位：m）

2＃梁准静力加载偏载工况共采用两辆加载车，分别沿桥跨横向并排布置，车辆加载布置如图 5-7 所示。

3＃梁准静力加载中载工况采用两辆加载车，分别沿桥跨横向并排布置，车辆布置如图 5-8 所示。

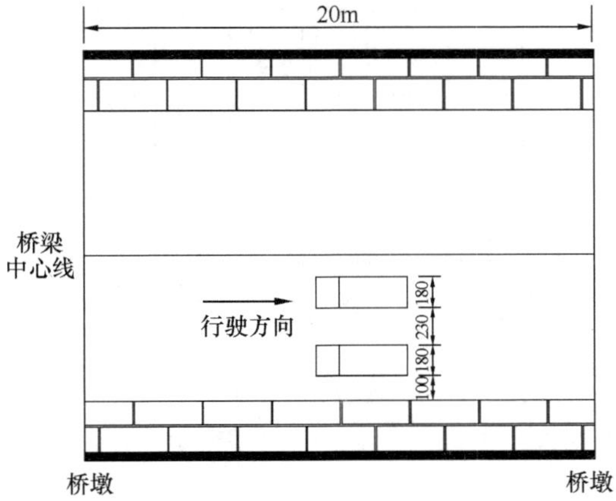


图 5-7　2＃梁准静力加载图（单位：m）

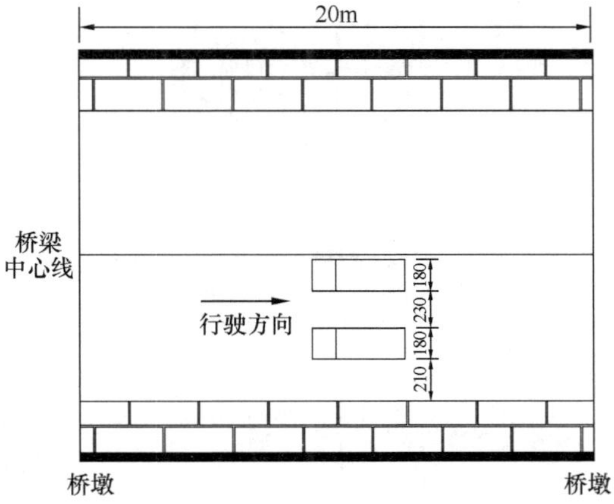


图 5-8　3＃梁准静力加载图（单位：m）

准静力影响线法桥梁荷载试验采用加载车以恒定速度通过桥梁，该加载方法近似为多个连续的静力加载工况，即实现了桥梁动力加载的近似静力化——准静力加载；同时，连续采集准静力加载下的桥梁结构响应，可近似得到各关键截面的准静力影响线。

在测量各主梁跨中断面竖向位移时还应考虑支点的位移沉降对其的影响，最终实际数据等同于跨中截面的实测挠度扣除主梁支点位移沉降的数值，方法采用式（2-2）。

### 5.1.3 实桥精细化有限元模型

结合卧虹桥竣工图纸，并考虑后续分析时精确建模的需要，本例将采用 ANSYS 有限元分析软件中的 solid65 单元，并将该桥的各类钢筋以配筋率的形式加入混凝土单元，最终形成整体式的钢筋混凝土有限元模型。混凝土强度等级为 C30，具体实施方案如下：

（1）考虑结构不同构件的位置信息与荷载作用情况将该桥主梁、湿接缝、横隔板划分单元网格。

（2）在不同的单元网格内以配筋率的形式填充各自对应的钢筋，从而较为精确地模拟实际结构。

（3）根据卧虹桥实际结构情况施加约束与荷载工况，并耦合相连节点或单元等元素。

此方案为整体式钢筋混凝土模型，且采取分区域设置配筋率的方式来体现结构体系中纵向钢筋与箍筋等的分布情况，相较于分离式钢筋混凝土模型，在同样精确的表征结构单元刚度的同时又减少了单元种类与数量，从而为后续模型修正的应用减轻负担。

在具体建模过程中，考虑对后续超单元模型缩聚以及有限元模型修正而言（修正目标为桥梁结构各主梁的跨中竖向挠度），桥梁结构纵向挠曲变形的重要程度要大于横向扭转变形，因此桥梁结构横向网格划分尺度的选取将大于纵向网格划分尺度。其具体而言：双鸭山市卧虹桥结构初始有限元模型横向网格介于 20～40cm 一段，纵向网格约为 20cm 一段，桥梁结构横向网格划分情况与各类钢筋分布如图 5-9 所示。

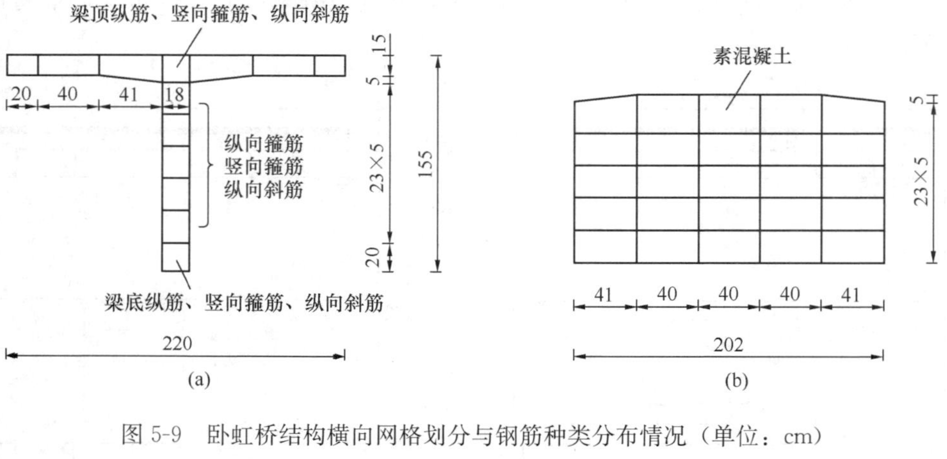


图 5-9　卧虹桥结构横向网格划分与钢筋种类分布情况（单位：cm）

（a）主梁；（b）横隔板

分布于桥梁结构各部位的纵向钢筋、箍筋以及斜向弯起筋的具体布置情况如表 5-1 所示，表中纵向受力钢筋分为梁顶纵筋与梁底纵筋，T 梁箍筋分为纵向箍筋与竖向箍筋，纵向斜筋模拟的为纵筋弯起部分与加焊斜筋。此外，表中区域面积指各类钢筋在结构初始有限元模型中所分布区域的网格面积；区域配筋率指各类钢筋在指定网格区域内的配筋率。由于 ANSYS 中 solid65 单元中的钢筋为弥散式分布模式，因此采用分区域配筋能够更加精确地模拟桥梁结构实际钢筋位置分布情况，在合理表征结构受力特点的同时进一步提高模型的计算精度。

**表 5-1　卧虹桥各类钢筋具体布置情况**

| 类别 | 型号 | 直径 | 弹性模量（MPa） | 数量（根） | 区域面积（$m^2$） | 区域配筋率（%） |
| --- | --- | --- | --- | --- | --- | --- |
| 梁底纵筋 | HRB335 | $\phi 32$ | $2.0\times 10^5$ | 14 | 0.036 | 31.276 |
| 梁顶纵筋 | HRB335 | $\phi 32$ | $2.0\times 10^5$ | 2 | 0.036 | 2.112 |
| 纵向箍筋 | HRB235 | $\phi 8$ | $2.1\times 10^5$ | 16 | 0.207 | 0.389 |
| 竖向箍筋 | HRB235 | $\phi 8$ | $2.1\times 10^5$ | 420 | 1.600 | 0.586 |
| 纵向斜筋 | HRB335 | $\phi 32$ | $2.0\times 10^5$ | 36 | 558.000 | 1.171 |

由于始建于 1990 年的双鸭山市卧虹桥年代久远，许多当年的设计资料如横隔板配筋图纸等均已缺失，且对于桥梁结构承受竖向荷载而言，纵向挠曲变形的主要贡献者为各片主梁，横隔板主要参与横向联系作用，因此，卧虹桥初始有限元模型的横隔板单元仅用素混凝土，其刚度衰减量将由后续有限元模型修正过程体现。

综上所述，按照设定的网格划分尺度与配筋方式，双鸭山市卧虹桥的 ANSYS 有限元模型如图 5-10 所示。

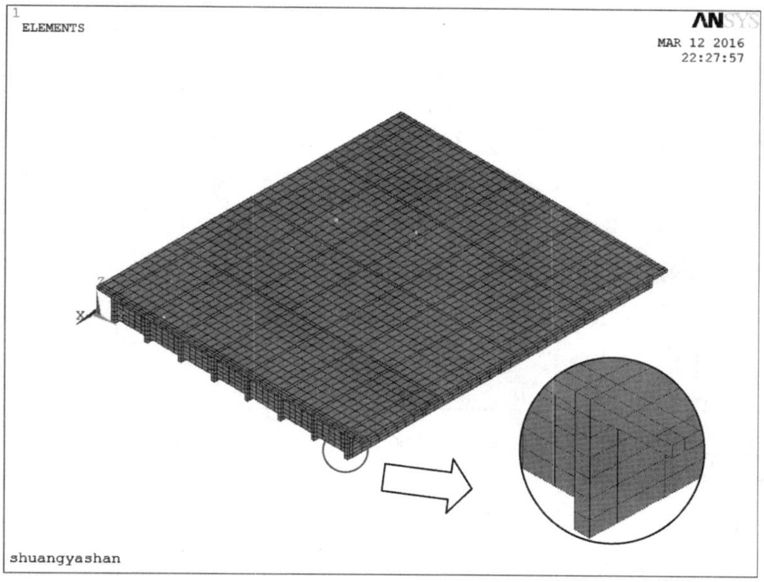


图 5-10　卧虹桥有限元模型示意图

## 5.1.4　准静载试验的实施与分析

在本例中，需得到理论桥梁位移影响线以及实桥在准静力荷载试验下的位移影响线，并计算两者对纵桥向的线积分值，最后求得桥梁挠度校验系数 $\zeta$。本例中 1＃梁损坏最严重，而 8＃梁保护最完好，故主要对 1＃梁进行承载力评估，而以 8＃梁作为对比。利用其在准静力荷载试验下的影响线变化，对 1＃梁及 8＃梁极限承载力进行评估，进而给出其承载力折减情况。

#### 5.1.4.1 关键截面解析准静力位移影响线

根据已有设计资料，按照设定的网格划分与配筋方式，已建立图 5-10 中所示 ANSYS 有限元模型。有限元模型建立后，令加载车以 1m/s 的速度通过桥梁，在荷载通过桥梁任意位置时为简化计算可将三轴车加载简化为 3 个集中力依次上桥进行加载，有限元分析模拟的加载点应与试验时取的加载点相同。本例中取关键截面为跨中截面，在对 2＃梁准静力加载试验中，得到 1＃梁影响线如图 5-11 所示。

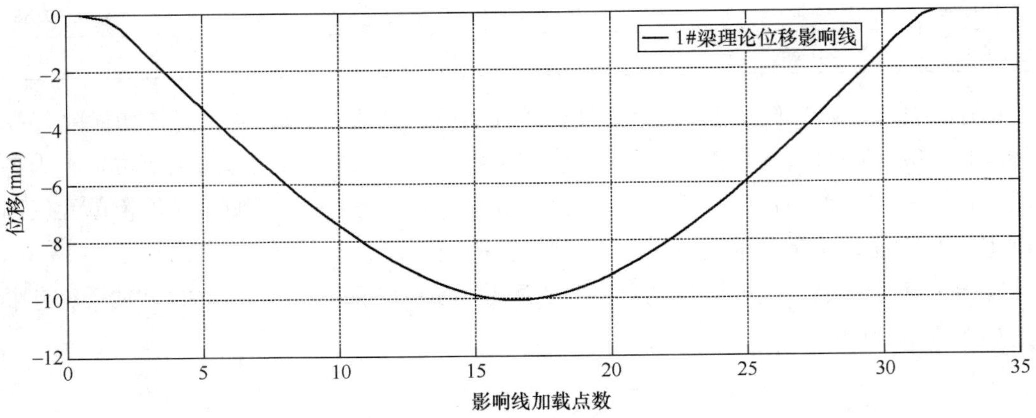


图 5-11　桥梁理论跨中位移影响线

桥梁理论跨中位移影响线即视作桥梁未受损状态下跨中位移影响线，故以此影响线作为标准影响线，而将实桥测到的位移影响线作为桥梁受损状态的反映，其与标准影响线的差别都视作因损伤产生的影响。

#### 5.1.4.2 关键截面测试准静力位移影响线

根据实桥准静力荷载试验结果，提取出各个加载点下 1＃梁的位移数值，绘制准静力下位移影响线，如图 5-12 所示。

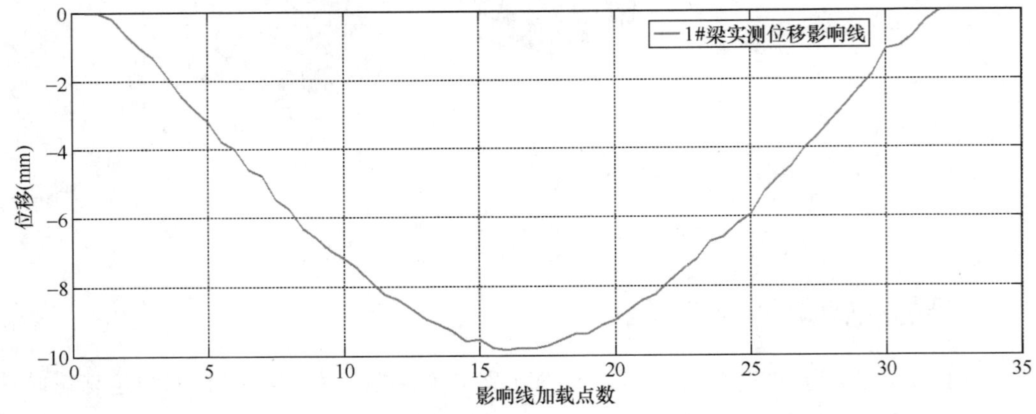


图 5-12　1＃梁实测准静力影响线

得到上述两条影响线后，进行积分处理，求解 1＃梁挠度校验系数，求得：

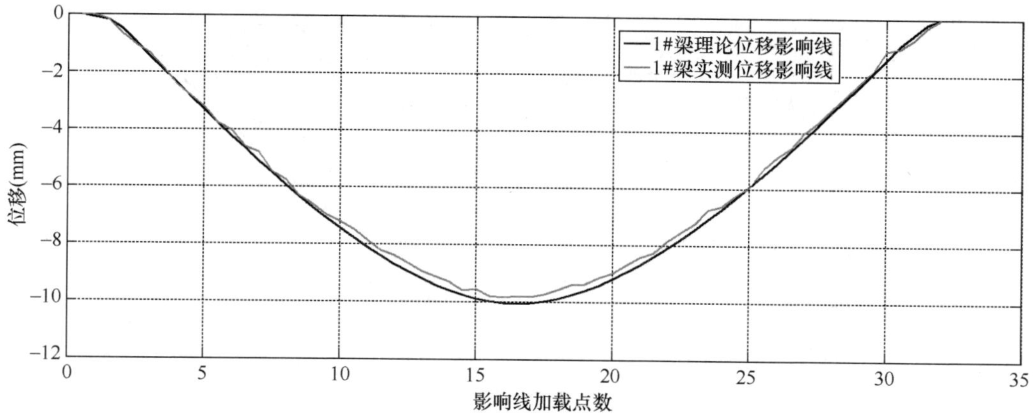


图 5-13　1＃梁影响线对比图

$$\zeta_1 = \frac{D_e}{D_a} = 0.975 \tag{5-1}$$

### 5.1.4.3　损伤梁安全状态对比

本例中 8 片主梁受损状况不一，最具代表性的主梁分别为 1＃梁及 8＃梁，这两片梁分别为损伤程度最严重及最不严重的主梁，因此，还可以对比这两片梁影响线的差别，以此对比两者承载能力的差别。1＃梁的跨中位移影响线是由 2＃梁加载试验得到，而 8＃梁的跨中位移影响线则由 7＃梁加载试验得到，近似认为两者的加载工况相同。因此，直接利用 7＃梁加载工况下得到的 8＃梁跨中影响线进行分析，以对比两梁的承载能力及影响线的关系。图 5-14 为 8＃梁实测准静力影响线，图 5-15 为 8＃梁影响线对比。

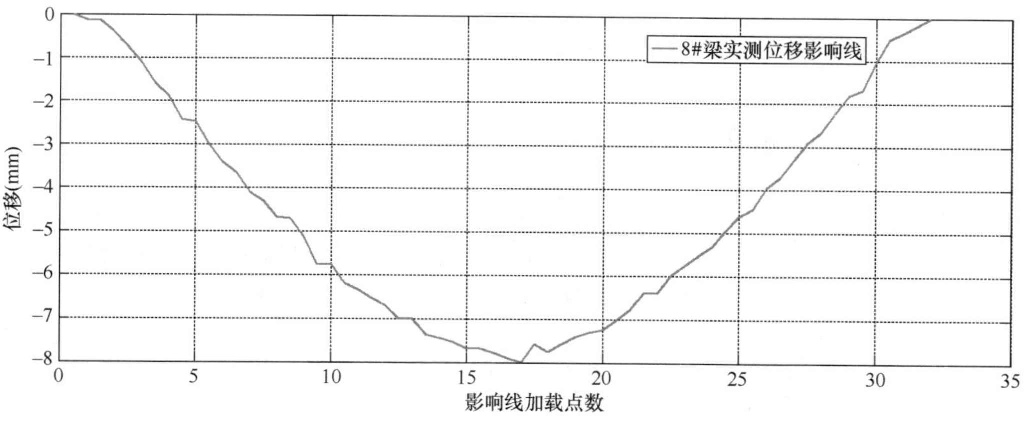


图 5-14　8＃梁实测准静力影响线

计算 8＃梁的挠度校验系数如式（5-2），图 5-16 为 1＃梁及 8＃梁跨中位移影响线对比图，计算得两者相对于纵桥向的积分值之比为 1.25。这意味着 8＃梁的承载力储备相对 1＃梁高 25％左右。

$$\zeta_8 = \frac{D_e}{D_a} = 0.779 \tag{5-2}$$

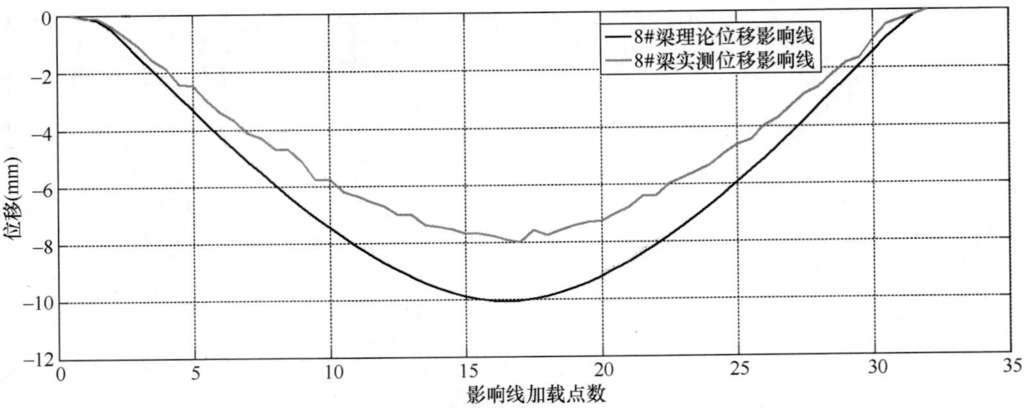


图 5-15　8＃梁影响线对比

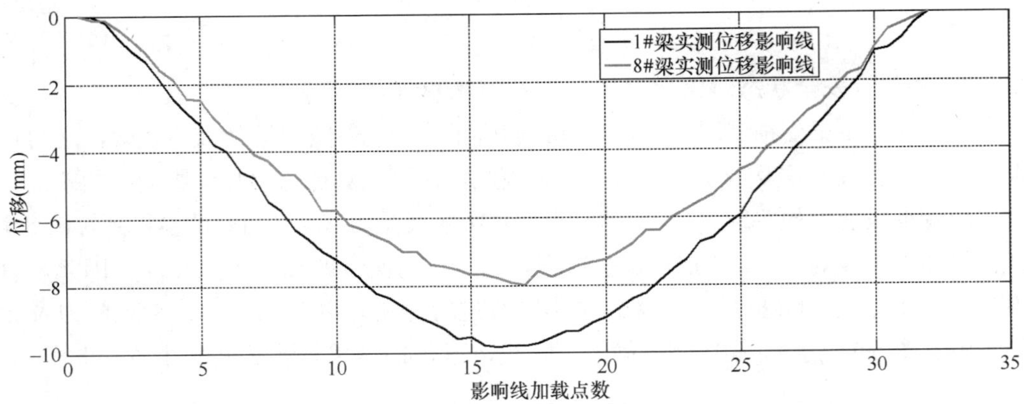


图 5-16　1＃梁及 8＃梁跨中位移影响线对比图

### 5.1.5　动载试验的实施与分析

桥梁结构的动力性能是评价桥梁运营状态和承载能力的重要指标。判别桥梁结构是否处在安全振动工作状态，是桥梁动力试验的主要目的。桥跨结构的自振特性和受迫振动下的桥梁冲击系数测定是动力荷载试验的主要内容。

本次动力测试主要测定桥梁的竖向自振频率及桥梁冲击系数，并将其与设计结果进行比较，从而以对检测孔桥梁的承载能力进行动力评价。

#### 5.1.5.1　动力荷载试验测试方案

采用运营荷载激励方法，即桥梁在运营交通条件下的激励。通过布置在桥梁检测孔的加速度传感器，测试得到桥跨结构在不同激励下的加速度，采用结构测试加速度计算桥梁结构的竖向振动基频，动挠度测点分别布置在检测孔每片 T 梁的跨中位置，加速度传感器在检测孔每片 T 梁的布置方案如图 5-17 所示，采用封闭交通下跑车试验激励方法，测试得到桥跨结构在不同激励下的动挠度，采用动挠度计算桥梁结构的冲击系数，从而对桥梁承载能力进行动力性能评价。图 5-18 为加速度计布置及试验照片。

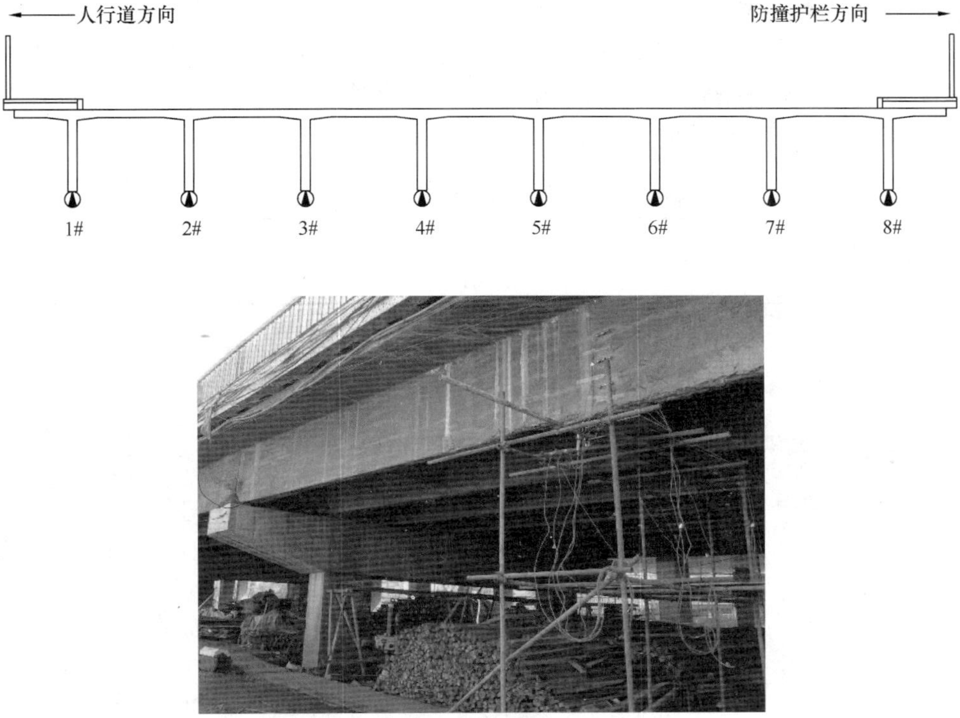


图 5-17　跨中截面动挠度测点布置图及试验照片

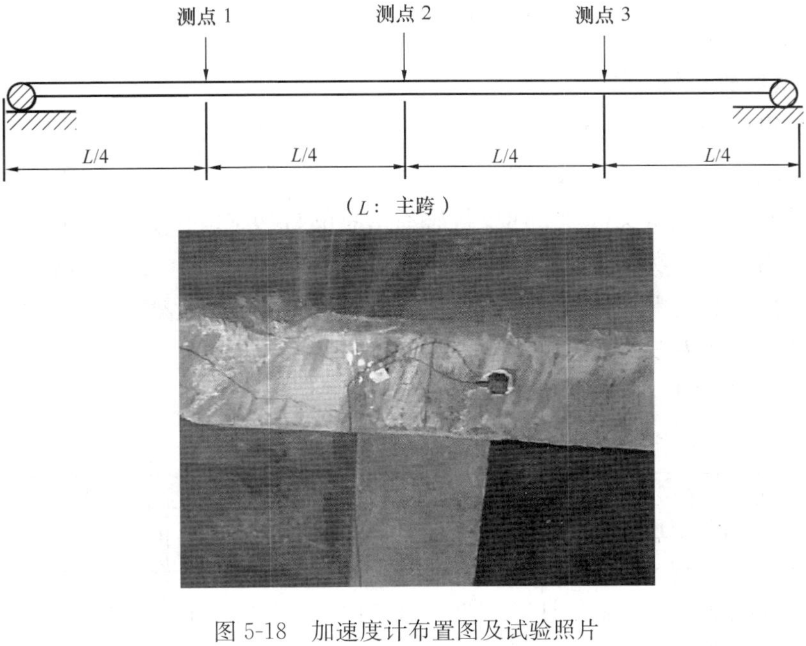


图 5-18　加速度计布置图及试验照片

#### 5.1.5.2 理论计算结果

首先，采用 Midas Civil 建立该桥梁结构的有限元模型，通过动力分析得到桥梁前两阶竖向自振频率如表 5-2 所示，相应的振型如图 5-19 所示。按照《公路桥涵设计通用规范》（JTG D60—2015）的规定，桥梁结构设计冲击系数为 1.260。

表 5-2 桥梁前两阶竖向振动特性值

| 阶数 | 1 | 2 |
|---|---|---|
| 频率 | 4.80Hz | 17.80Hz |

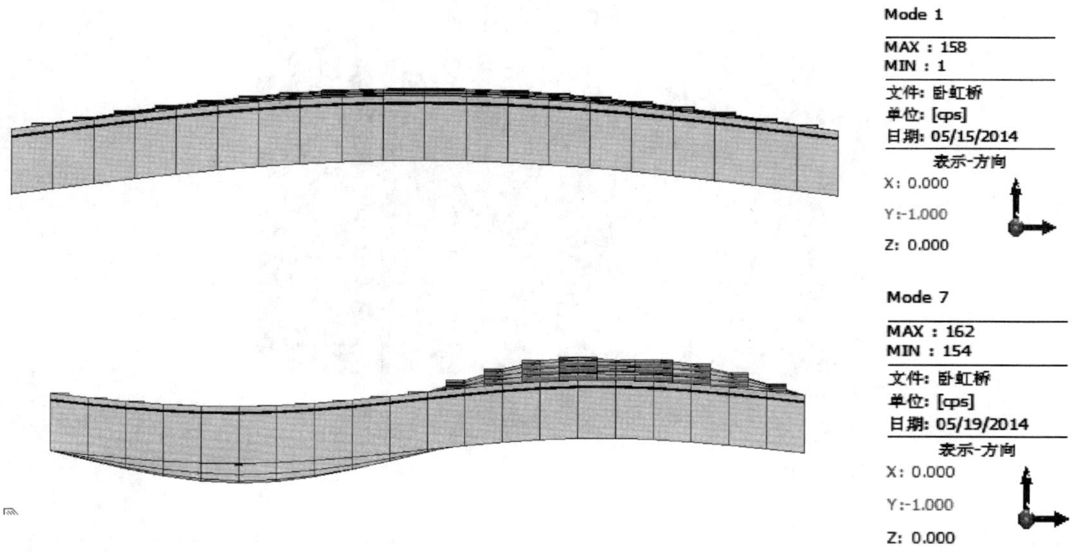


图 5-19 理论计算第一阶、第二阶竖向模态振型

#### 5.1.5.3 测试结果分析

利用采集得到结构加速度信息，利用谱分析可初步判断桥梁结构的频率识别结果，进而采用系统实现算法（ERA）具体确定桥梁结构的测试频率，具体步骤：①由不同加速度传感器信息的互功率谱及每个加速度传感器信息的自功率谱初步读取各频谱峰值对应的频率值；②采用系统实现算法（ERA）对结构的频率、阻尼比、振型进行识别，并重点参考步骤①中得到的频率值，通过与理论有限元计算结果进行比较，最终确定识别频率及阻尼比。识别结果如表 5-3 及图 5-20 和图 5-21 所示。

（1）桥梁频率及阻尼比测试结果。

表 5-3 桥梁测试与理论分析模态参数比较

| 阶数 | 理论计算频率（Hz） | 测试频率（Hz） | 测试阻尼比（%） |
|---|---|---|---|
| 1 | 4.80 | 5.34 | 1.28 |
| 2 | 17.80 | 16.36 | 1.31 |

桥梁竖向测试基频大于解析计算结果，这是由于该检测孔桥梁在桥面与相邻跨桥梁相连，从而在一定程度上增加了该桥梁的刚度，即测试频率高于解析计算结果不能完全表明该桥梁结构的动力性能良好。测试阻尼比在合理范围内。

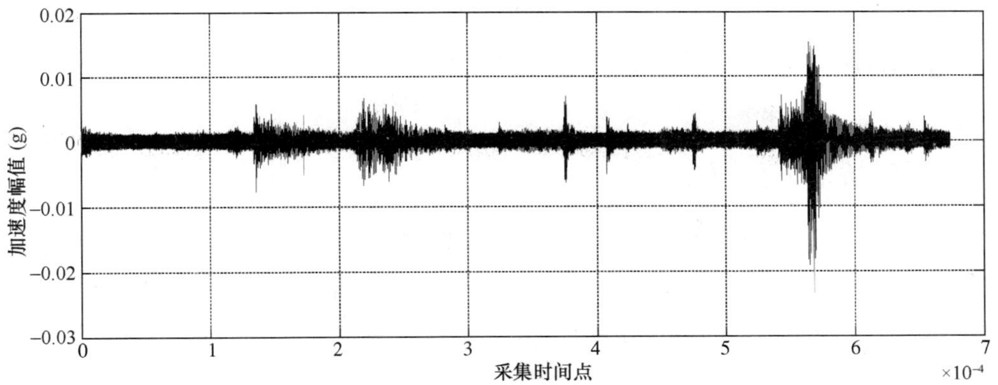


图 5-20　跨中加速度计时程曲线

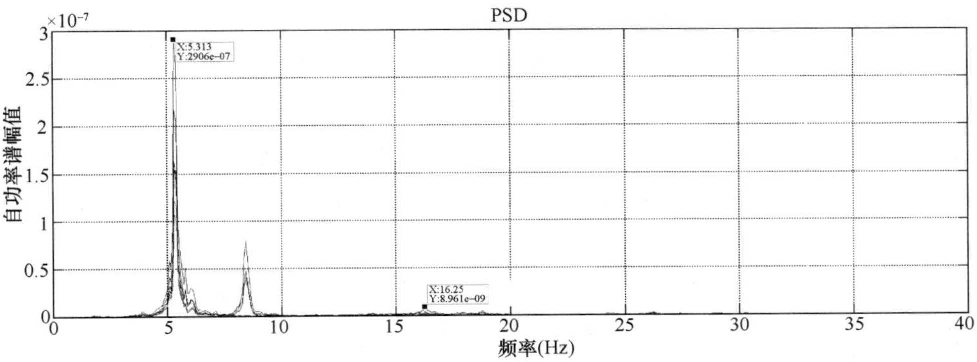


图 5-21　加速度时程曲线的自功率谱

（2）桥梁冲击系数测试结果。

利用桥梁结构的各测试孔跨中截面的测试动挠度，可以推算出桥梁结构的动力冲击系数，计算方法采用式（2-7）。本项目采用滤波的方法分别得到测试点的动挠度 $d_{max}$ 及静挠度 $d_{stat}$，如图 5-22 所示。可计算得到该抽检桥梁结构的冲击系数为 11.241，略小于设计取用值 1.260，说明该抽检桥梁结构的行车性能正常。

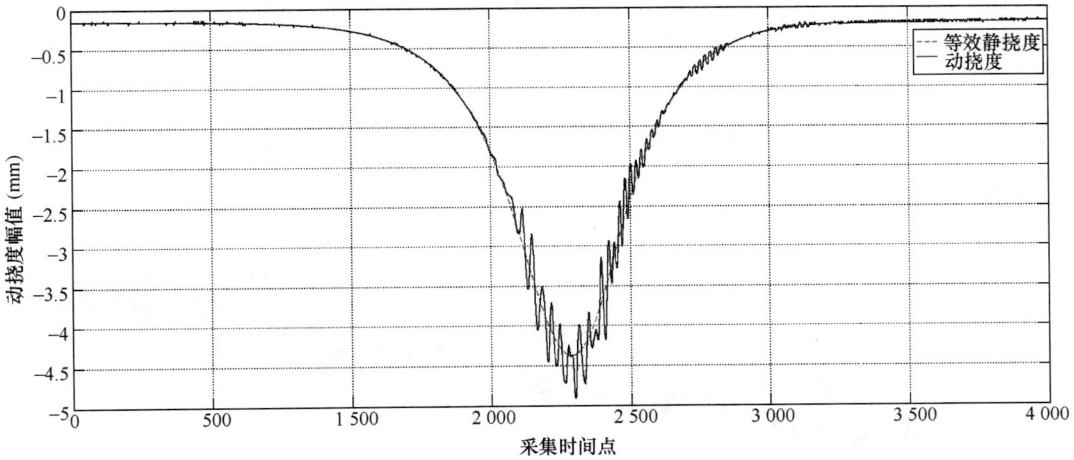


图 5-22　测试孔跨中动挠度

## 5.2　新建桥梁结构荷载试验工程实例

### 5.2.1　新建桥梁工程简介

济南市北园大街快速路西延建设工程西起规划南北三号路，东至二环西路匡山立交，全长约 5.6km，红线宽 70～80m。其中，第 4 标段主线桥第 32 联桥跨布置为 4×30m，桥梁设计为公路-Ⅰ级，上部结构为等截面预应力混凝土连续箱梁，下部结构采用矩形墩。

本次试验选取济南市北园大街快速路西延建设工程四标段第 32 联主桥为试验对象。桥梁立面图见图 5-23，桥梁横截面图见图 5-24。

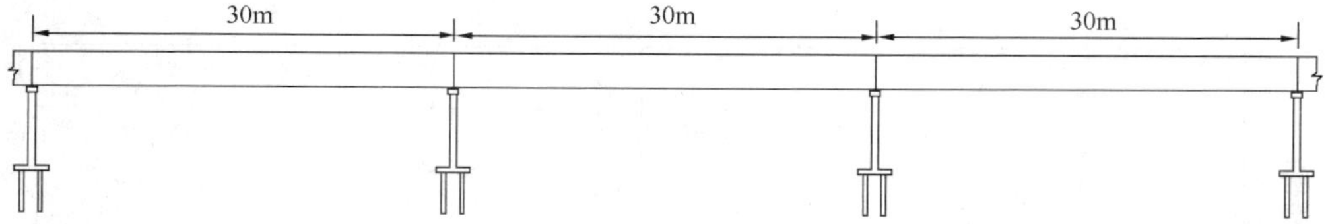


图 5-23　桥梁立面图（单位：m）

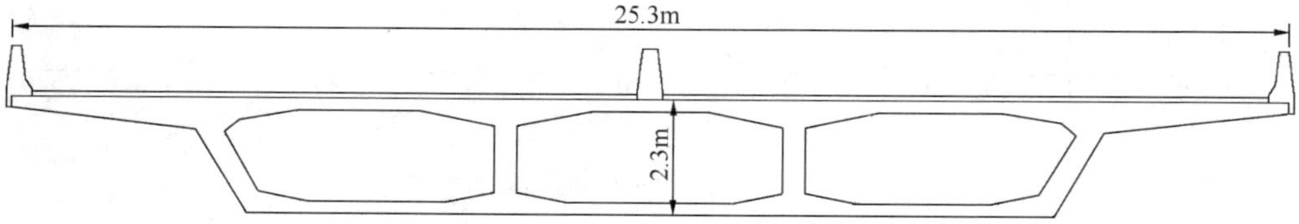


图 5-24　桥梁横截面图（单位：cm）

### 5.2.2　准静力影响线法桥梁荷载试验

#### 5.2.2.1　桥梁准静载试验

为掌握检测桥梁的结构特点和受力性能，按照施工程序对结构进行分析，计算得到检测桥梁结构各控制断面在活载作用下的设计内力，从而为桥梁荷载试验及准确评定所检测桥梁结构状态提供依据。

在荷载试验之前，利用空间分析程序 Midas Civil 建立第 4 标段主线桥第 32 联桥跨的空间有限元模型，对该桥进行结构分析，大桥数值分析模型如图 5-25 所示，设计荷载作用下弯矩包络图见图 5-26。

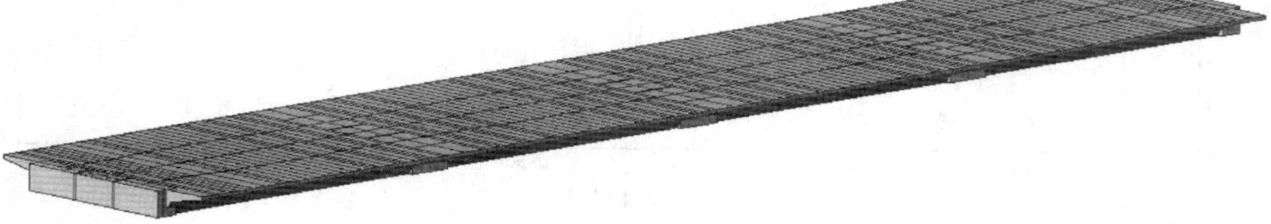

图 5-25　大桥数值分析模型

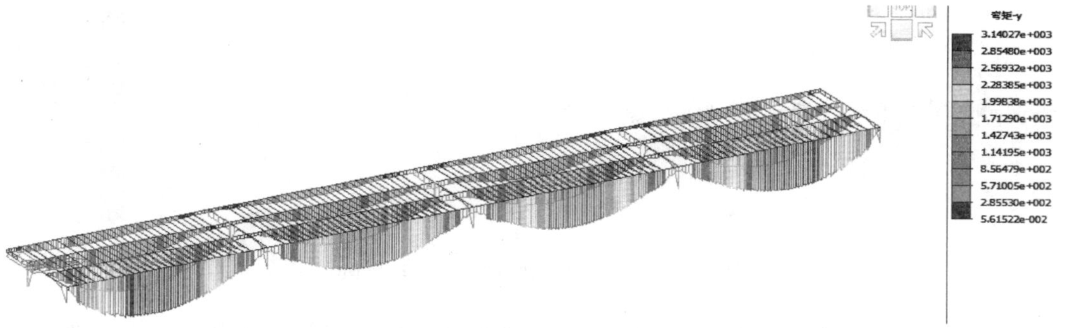


图 5-26　设计荷载作用下弯矩包络图（kN・m）

在上述计算结果的基础上，进行桥梁的设计车辆和试验工况的理论计算分析。根据计算结果，选择控制截面如图 5-27 所示，测点布置见图 5-28 所示。对桥梁分别进行准静力偏载加载试验和准静力对称加载试验。

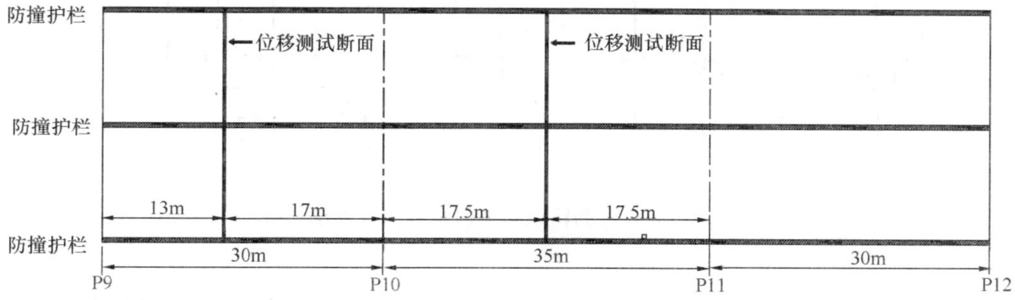


图 5-27　控制截面（单位：m）

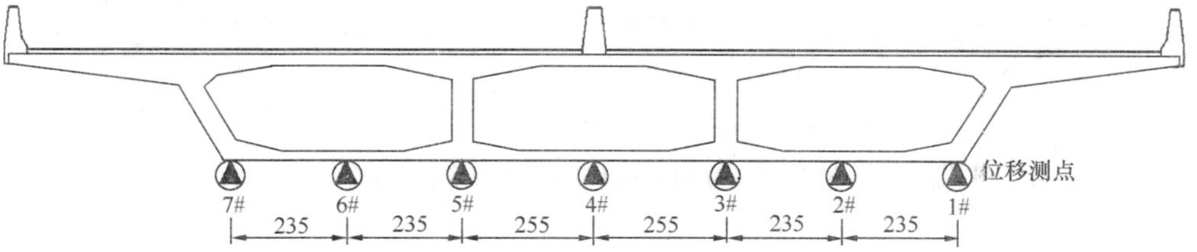


图 5-28　控制截面变形测点布置

根据上述两种工况所确定的截面位置，求解得到控制截面的挠度影响线，控制截面的挠度影响线如图 5-29 和图 5-30 所示。

图 5-29　边跨控制截面挠度影响线（mm）

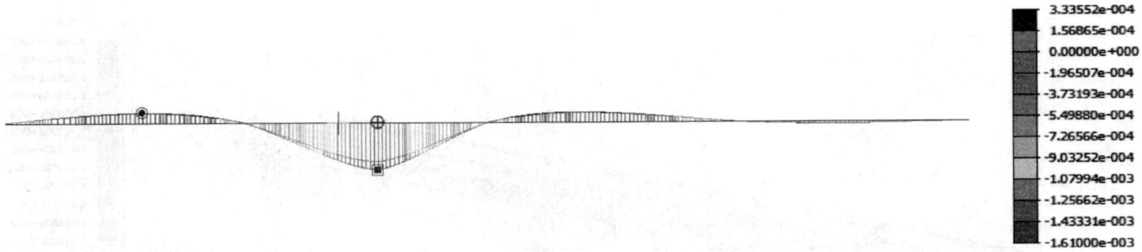


图 5-30　中跨控制截面挠度影响线（mm）

利用式（2-1）进行加载效率的计算，偏载工况和对称加载工况共采用两辆加载车，设计平均单车总质量 450kN，其中前轴重 90kN、中轴重 180kN、后轴重 180kN，各车轴重与轴距如图 5-31 所示。采用准静力加载方式进行加载，车辆布置如图 5-32 和图 5-33 所示。

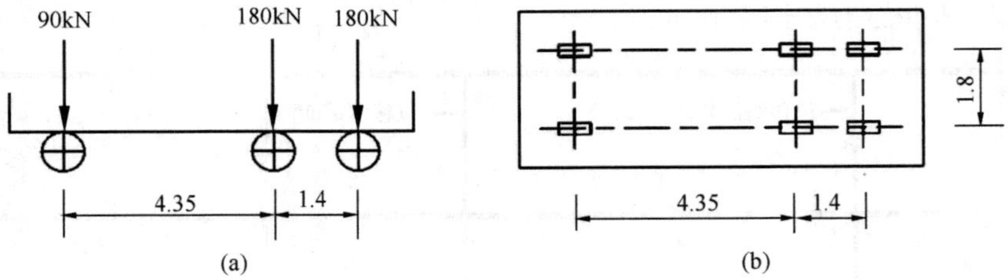


图 5-31　加载车辆轮距和平面布置图（单位：m）

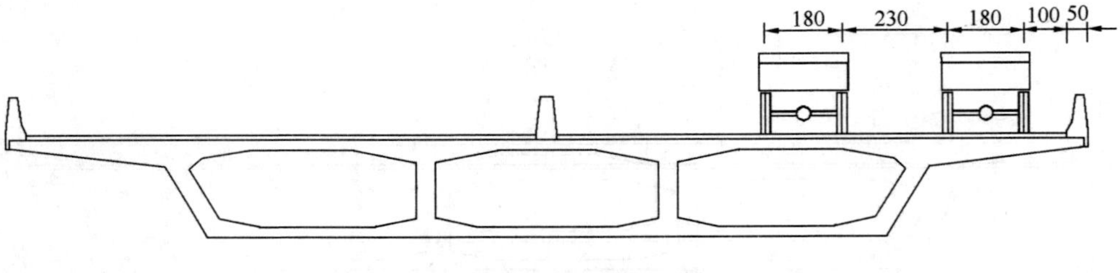


图 5-32　准静力偏载加载图（单位：m）

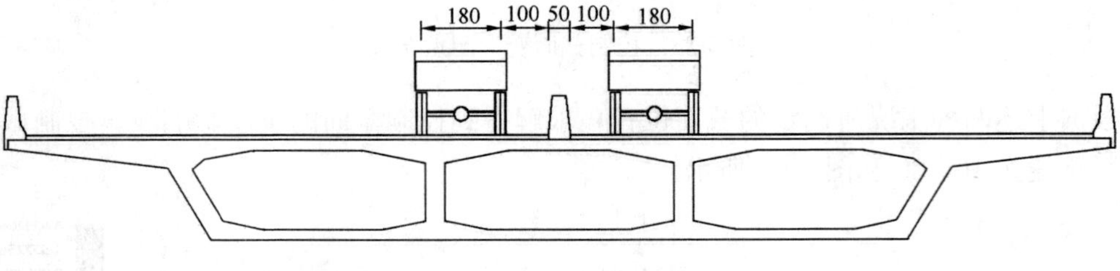


图 5-33　准静力对称加载图（单位：m）

准静力影响线法桥梁荷载试验采用加载车以恒定速度通过桥梁，该加载方法近似为多个连续的静力加载工况，即实现了桥梁动力加载的近似静力化——准静力加载；同时，利用非接触式测量方式，连续采集准静力加载下的桥梁结构响应，可近似得到各关键截面的准静力影响线，现场准静力加载试验及采集过程如图 5-34～图 5-35 所示。

图 5-34　现场准静力加载试验

图 5-35　现场非接触式采集雷达

根据上述各图所示的加载车辆布置情况进行桥梁结构准静载试验，并测量相应工况下的各主梁跨中断面竖向位移。此外，在测量各主梁跨中断面竖向位移时还应考虑支点的位移沉降对其的影响，最终实际数据等同于跨中截面的实测挠度扣除主梁支点位移沉降的数值，方法采用式（2-2）。

**5.2.2.2　桥梁动载试验**

（1）跑车试验。加载车辆以不同车速驶过桥面时，采集中跨截面的动挠度时程曲线，根据测试结果分析桥梁结构的冲击系数。桥梁结构在移动车辆荷载作用下产生振动、冲击等动力响应，此时桥梁各部位除产生静态应力和静态变形外，还产生动态应力和动态变形。移动车辆荷载作用下应力或变形的动态增长率称为动态增量。本次动载试验测量挠度的最大动态增量。

本次跑车试验挠度的测量采用非接触式动态测试系统进行信号采集，在试验跨中布置测点，当试验车辆从桥面跑车时，由便携式计算机测计动挠度，分析得出桥梁的冲击系数。

试验荷载采用 1 辆载重约 45t 的加载车，按照以下 3 个工况进行跑车试验：

工况 1：一辆车以 20km/h 匀速跑车；

工况 2：一辆车以 30km/h 匀速跑车；

工况 3：一辆车以 40km/h 匀速跑车。

选取跨中截面为动挠度测试截面。动挠度测试截面布置示意图如图 5-36 所示。

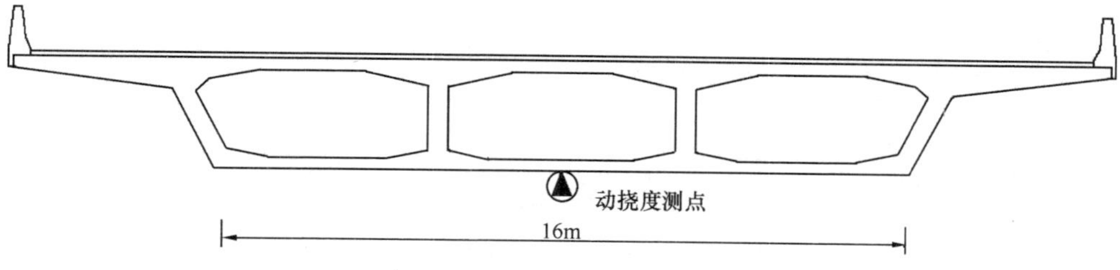


图 5-36　动挠度测试截面布置示意图

（2）动力特性。应用运营荷载随机激励法进行桥梁结构的振动试验，实测桥梁动力响应时程，识别整体振动的动力特性参数，包括自振频率和振型。把实测频率与结构理论频率进行对比，通过实测自振频率大小的比较，间接评价结构使用性能。实测结构阻尼比，可作为结构评定的辅助资料。振动特性传感器布置示意图见图 5-37。

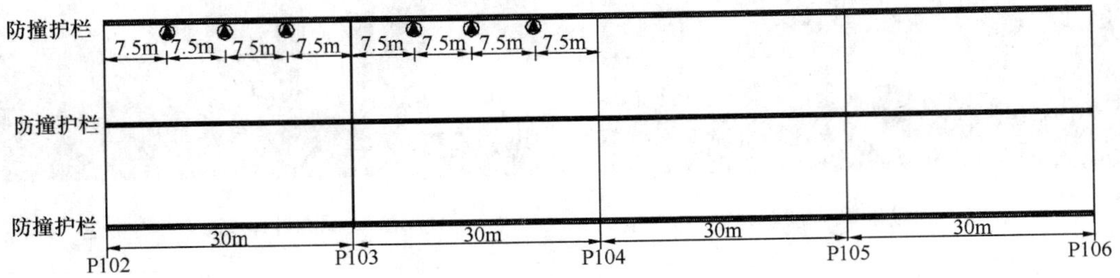


图 5-37　振动特性传感器布置示意图（单位：m）

## 5.2.3　准静载试验结果分析

在本例中，需得到理论桥梁位移影响线以及实桥在准静力荷载试验下的位移影响线，并计算二者对纵桥向的线积分值，最后求得桥梁控制测点的校验系数 $\zeta$，进而得出其承载力情况。

### 5.2.3.1　关键截面解析准静力位移影响线

根据已有设计资料，按照设定的网格划分与配筋方式，建立有限元模型。有限元模型建立后，令加载车以 1m/s 的速度通过桥梁，在荷载通过桥梁任意位置时，将三轴车加载简化为 3 个集中力依次上桥进行加载，有限元分析模拟的加载点应与试验时取的加载点相同，本例中取关键截面如图 5-27 所示。考虑篇幅，本节仅选取两个控制断面 1＃测点在偏载加载时的理论位移影响线，如图 5-38 和图 5-39 所示。

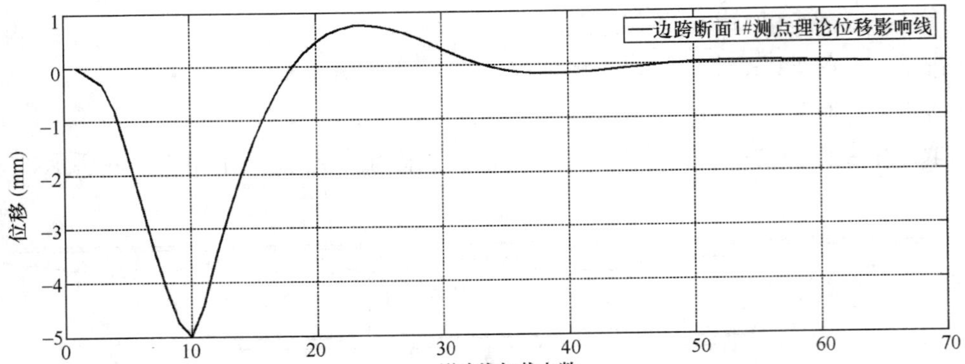


图 5-38　偏载加载下桥梁边跨断面 1＃测点理论位移影响线

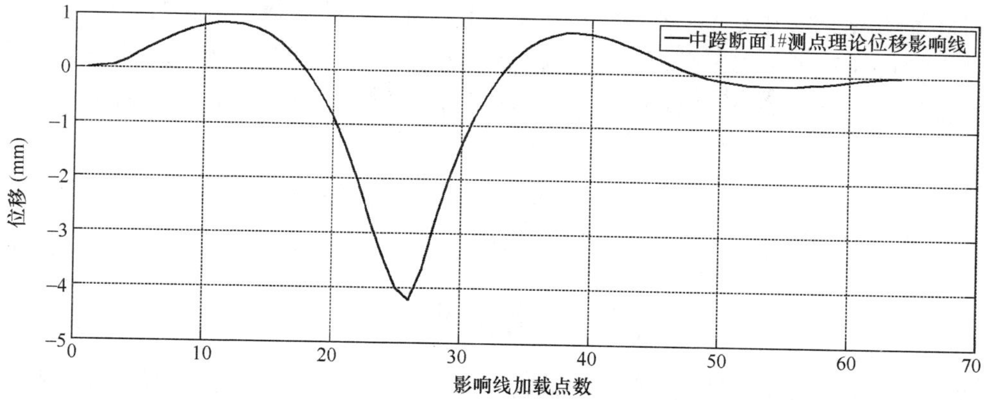


图 5-39　偏载加载下桥梁中跨断面 1＃测点理论位移影响线

### 5.2.3.2　关键截面测试准静力位移影响线

根据实桥准静力荷载试验结果，提取出各个加载点下边跨和中跨断面 1＃梁的位移数值，绘制准静力下位移影响线，并将其与理论位移影响线进行对比分析。其结果如图 5-40 和图 5-41 所示。

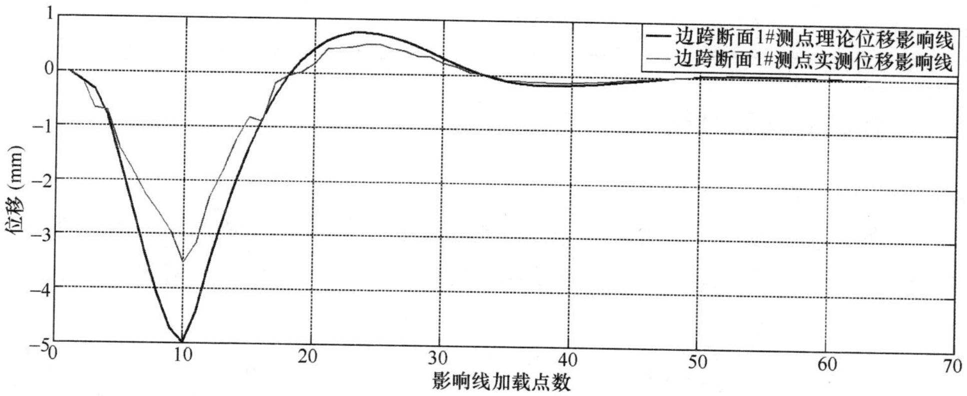


图 5-40　边跨断面 1＃测点准静力影响线对比图

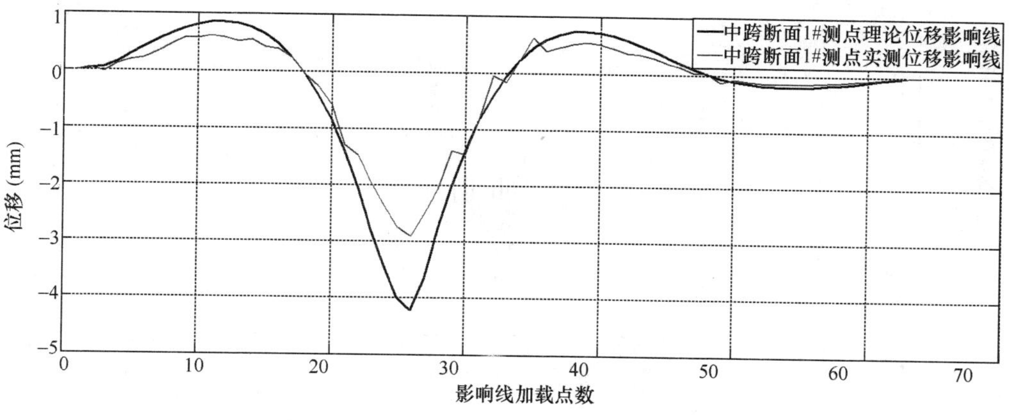


图 5-41　中跨断面 1＃测点准静力影响线对比图

得到上述两条影响线后，进行积分处理，求解桥梁校验系数，边跨断面1＃测点校验系数结果如式（5-3），中跨断面1＃测点校验系数结果如式（5-4）所示。其中，$D_e$ 和 $D_a$ 依据式（2-4）和式（2-5）计算。依据计算结果可以判断校验系数在规定范围内，符合设计要求。

$$\zeta_1 = \frac{D_e}{D_a} = 0.70 \tag{5-3}$$

$$\zeta_2 = \frac{D_e}{D_a} = 0.72 \tag{5-4}$$

为了验证本书所提准静载试验的准确性，对该桥同时进行了传统的静力加载试验，其中边跨和中跨断面1＃测点的实测数据及校验系数如表5-4所示。从表中可以看出，准静载试验结果与传统静力荷载试验结果基本相同，有效验证了其可行性。

**表5-4　偏载加载工况下实测挠度值**

| 位置 | 加载实测值（mm） | 理论值（mm） | 校验系数 |
|---|---|---|---|
| 边跨断面1＃测点 | 3.54 | 5.13 | 0.69 |
| 中跨断面1＃测点 | 3.25 | 4.39 | 0.74 |

## 5.2.4　动载试验结果分析

### 5.2.4.1　跑车试验

（1）动挠度时程图。一辆载重35t的加载车以不同车速匀速跑车时，利用单辆车跑车荷载下的桥梁结构测试动挠度，本项目采用滤波的方法分别得到测试点的动挠度 $d_{max}$ 及静挠度 $d_{stat}$，见图5-42所示。

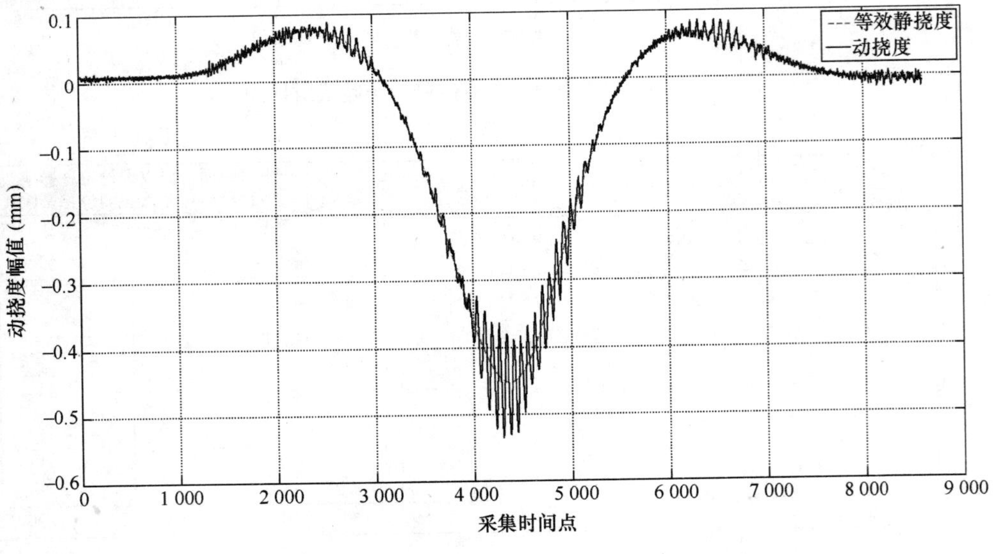


图5-42　工况2（30km/h）动挠度时程曲线

（2）冲击系数。利用桥梁结构的测试孔跨中截面的测试动挠度，可以推算出桥梁结构的动力冲击系数，计算方法采用式（2-7），可计算得到该抽检桥梁结构的冲击系数为 1.179，该桥梁结构的设计冲击系数为 1.242。实测冲击系数小于设计取用值，满足设计要求。

### 5.2.4.2　自振特性

根据采集的各测点时域波形图，通过分析得出第一阶频率如表 5-5 所示，第一阶模态振型图如图 5-43 所示。表 5-5 中自振频率的理论计算值采用三维有限元程序进行计算。

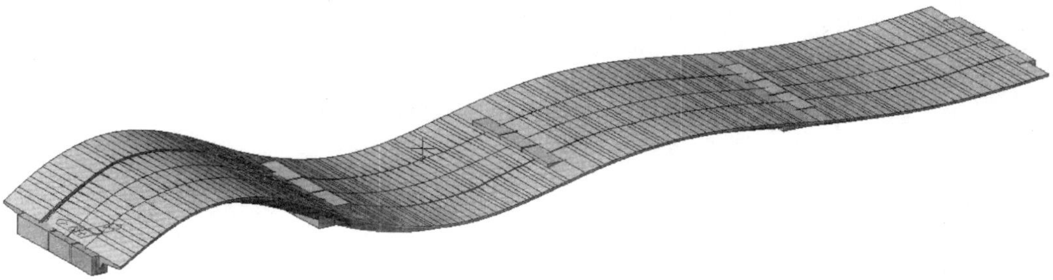

图 5-43　第一阶模态振型图

**表 5-5　自振特性实测值与理论计算值对比表**

| 频率阶数 | 自振频率 | |
|---|---|---|
| | 实测值 | 计算值 |
| 1 | 4.667Hz | 4.298Hz |

根据实测的桥梁自振频率的结果，实测自振频率均大于理论计算值，说明桥梁实际刚度较大，满足设计要求。边跨跨中测点加速度时程图及 FFT 实时谱见图 5-44 和图 5-45 所示。

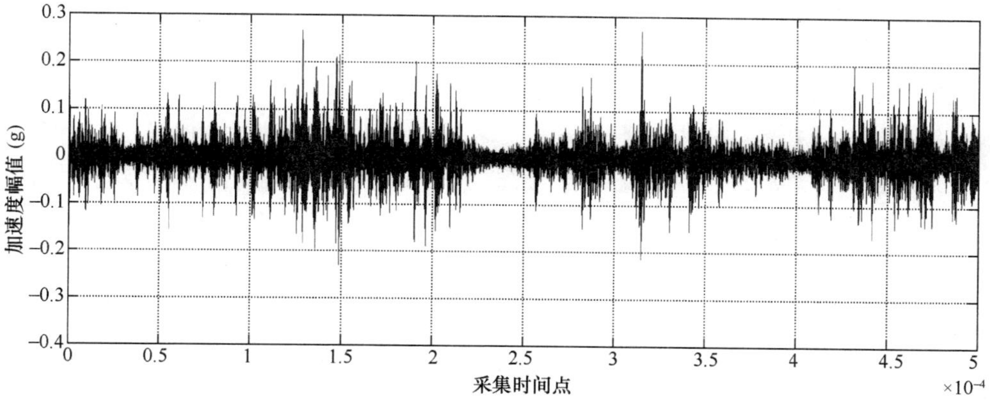


图 5-44　边跨跨中处加速度计时程曲线

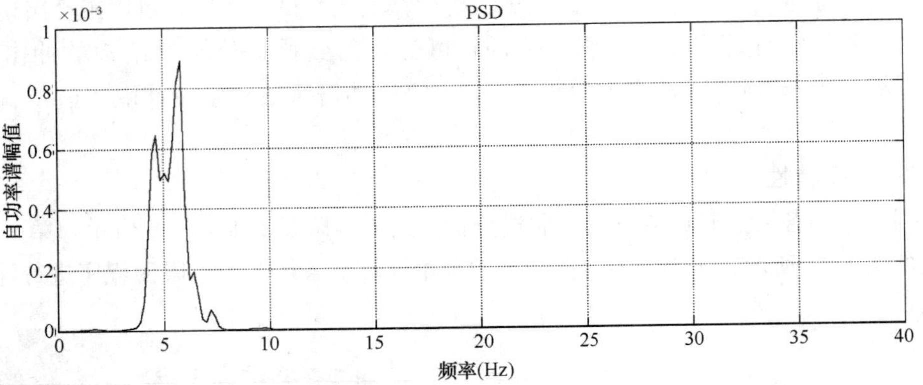


图 5-45　边跨跨中处加速度时程曲线的自功率谱

# 第 6 章　准静力影响线法桥梁荷载试验软件系统

本章将以准静力影响线法桥梁荷载试验与损伤诊断技术为基础，利用 Visual Basic 语言研发一套符合人机工程学、界面美观、操作简单的软件系统，本软件具有性能稳定、算法理论成熟、内容全面、计算可靠、易于使用等技术特点。软件兼容性强，易于扩展，数据分析结果均以数据、图片及动画等多种方式输出并存储，能够满足用户的多种数据分析需求，实现桥梁损伤快速诊断的自动化，为该方法在实际工程中的推广应用建立基础。

## 6.1　软件系统概述

该软件系统基于 Windows 系统下的 Microsoft . NET Framework 4. 5 平台，在 Visual Studio Express 2013 集成开发环境下，使用 Visual Basic 语言完成系统用户界面设计及主要代码编写工作，软件系统界面中的部分图片、标识等采用 Adobe Photoshop 进行设计及绘制。这一开发平台优势在于开发效率高，具备良好的可扩展性及代码可维护性，编写出的软件图形界面简洁美观，用户无需掌握大量编程技巧及算法内部细节，降低了工程技术人员的学习难度。系统中的核心诊断算法直接使用上文中已经编写完成的 MATLAB 语言代码，通过应用混合编程技术，在 VB 中实现对 MATLAB 的无缝调用。软件还能够连接微软 Access 数据库，将桥梁运营过程内各次试验中的测试数据及诊断结果存入其中，建立起一个数据量逐渐增加的参考状态数据库，从而不断提升损伤诊断的准确率。

为了提升系统的运行效率及整体稳定性，VB 代码编译时的目标平台定为 64 位处理器平台。相对应的，MATLAB 软件选用 R2014a 64 位版本。在两周的试运行期间内，系统没有发生崩溃、数据丢失等现象，达到设计要求。

此外，本系统采用了多线程编程技术，最多能够同时开启 4 个线程，充分利用计算机硬件资源，避免数据处理过程中用户界面出现卡顿、闪退或失去响应等，提升界面流畅性及用户体验。

## 6.2　软件系统结构关系

在设计阶段，采取目前软件开发中通行的分层式结构体系，将本系统自上而下分为以下三层：

（1）表示层，主要是系统的用户界面部分，接受用户下达指令，并向用户返回诊断结果等。

（2）业务逻辑层，控制整个损伤诊断系统工作流程，保证系统功能正常实现。用户对系统下达的指令经过表示层传入本层，如果用户操作合法，则将请求继续向下传递。

（3）数据访问层，本层负责与数据库打交道，能够根据上层的要求存储或取出相应数据。

桥梁准静力影响面承载力快速评定软件系统结构关系示意图如图 6-1 所示。在开发过程中，按照“高内聚，低耦合”的思想，通过引入三层结构关系，将复杂的损伤诊断系统划分为相互独立的部分，每部分只需实现较为单一的功能，从而降低代码编写、调试难度，提高本系统的可控性及整体稳定性，有利于系统功能的更新及扩展。

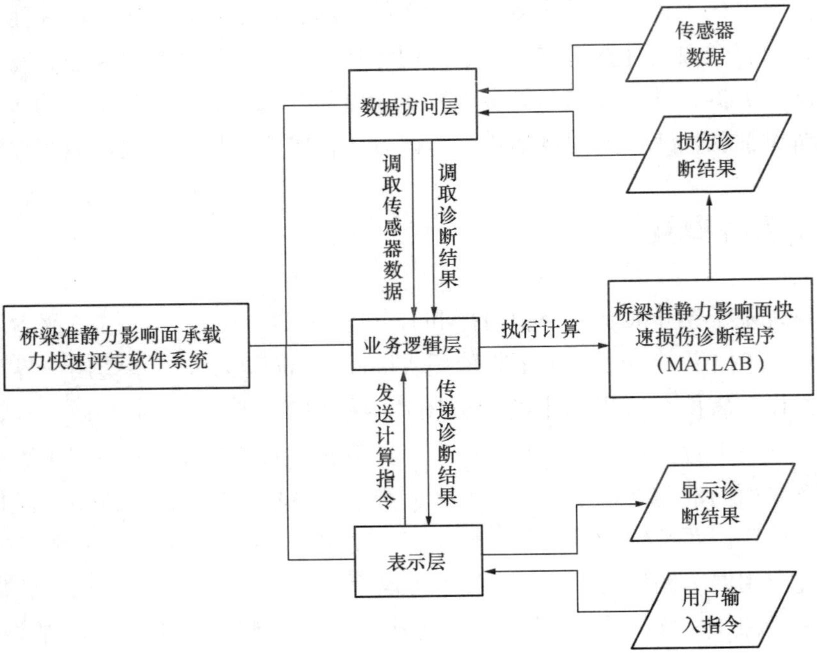


图 6-1　桥梁准静力影响面承载力快速评定软件系统结构关系示意图

## 6.3　系统运行环境配置

将本软件系统所有文件复制到以下配置环境，执行可执行文件即可启动并运行该软件。

**表 6-1　系统配置环境要求**

| 项目 | 最低配置 | 推荐配置 |
|---|---|---|
| CPU | 64 位 Intel 或 AMD 处理器 | Intel Core i5 或同等 AMD 处理器 |
| 内存 | 2GB | 4GB |
| 显卡 | Intel HD 4000 核心显卡 | NVIDIA GeForce GT730，显存容量 1GB 以上 |
| 显示器 | 1366×768 分辨率，60Hz 刷新频率 VGA 接口液晶显示器 | 全高清（1920×1020 分辨率），DVI 接口液晶显示器 |
| 存储空间 | 安装分区剩余 500MB 以上 | 5GB 以上，用于存储历史数据 |
| 操作系统 | 64 位 Windows Vista/7/8/10 | 64 位 Windows 7 或以上 |

续表

| 项目 | 最低配置 | 推荐配置 |
|---|---|---|
| MATLAB 版本 | R2012a（64 位） | R2014a（64 位） |
| .NET 版本 | .NET Framework 4.5（64 位） | .NET Framework 4.5（64 位） |
| 数据库引擎 | 64 位 Access 数据库引擎 | 64 位 Access 数据库引擎 |

## 6.4 系统安装与启动

（1）安装符合表 6-1 要求的 64 位 MATLAB 完整版，或者单独安装 MATLAB Compiler Runtime 运行环境。为确保本系统与 MATLAB 软件正常协同工作，MATLAB 安装路径最好选择在“C：\Program Files\”文件夹下。如果 MATLAB 版本较低，应尽量避免安装路径中包含中文字符。

（2）Windows 8 及更版本系统中，已经内置有 .NET Framework 4.5。对于 Windows 7 以下系统，需要手动安装。

（3）安装 64 位 Office 软件，或者直接安装微软提供的数据库引擎。如果计算机中此前已经安装 32 位 Office 软件，需要先将其完整卸载。

（4）完成上述依赖软件安装与配置后，进入损伤诊断系统安装文件目录，执行“Setup.exe”，在弹出的对话框内单击“安装”按钮，系统自动完成安装与初步配置如图 6-2 所示。

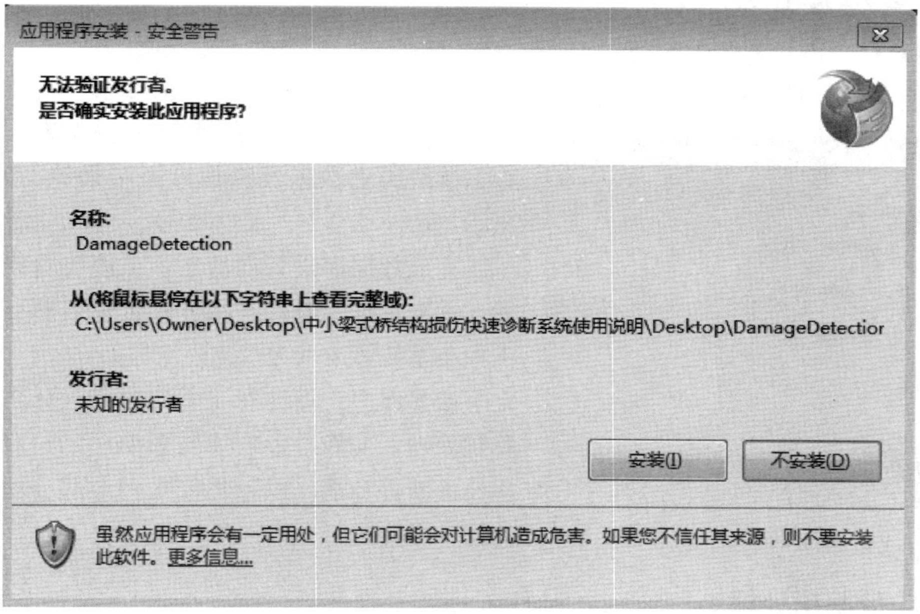


图 6-2 系统安装界面

完成软件的安装后，执行 Damage Detection.exe 文件，或在“开始”菜单程序列表中选择“Damage Detection”并单击，即可进入中小型桥梁承载力快速评定软件系统主界面，如图 6-3 所示。

图 6-3　系统主界面示意图

按照桥梁承载力快速评定技术的思路，系统可根据短暂中断交通准静力荷载试验下得到的采集数据，对桥梁进行损伤的快速诊断与承载力评定。

## 6.5　各模块功能介绍

首次进入软件时，系统将会弹出“数据库设置向导”对话框，引导用户新建 Access 数据库文件或选取现有 Access 数据库，以便保存、读取历史数据及损伤诊断结果等，如图 6-4 所示。

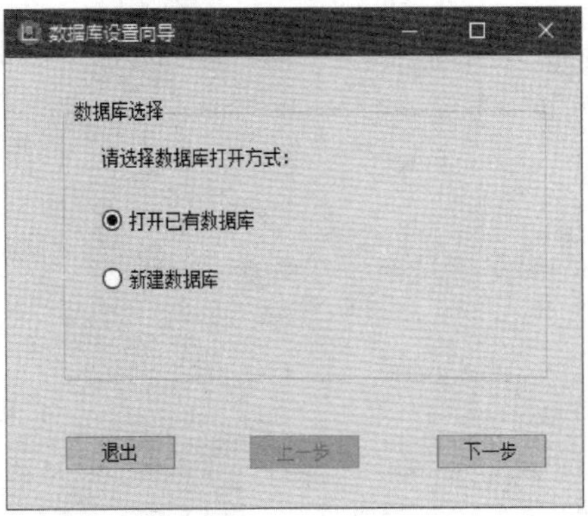


图 6-4　数据库设置向导示意图

完成数据库设置向导后，系统将自动保存设置，读取数据库内容，并进入短暂中断交通条件下中小型桥梁承载力快速评定界面。

该界面中，设计有 4 个选项卡，分别对应数据预处理，准静力影响线与影响面的绘制，以及损伤诊断等功能。以下将依次对各部分功能的具体操作方法进行介绍。

### 6.5.1　数据预处理

#### 6.5.1.1　选项界面

进入系统后，最先向用户呈现的是数据预处理功能，用于对试验原始数据进行初步处理并存入数据库或导出，便于后续诊断算法调用，如图 6-5 所示。

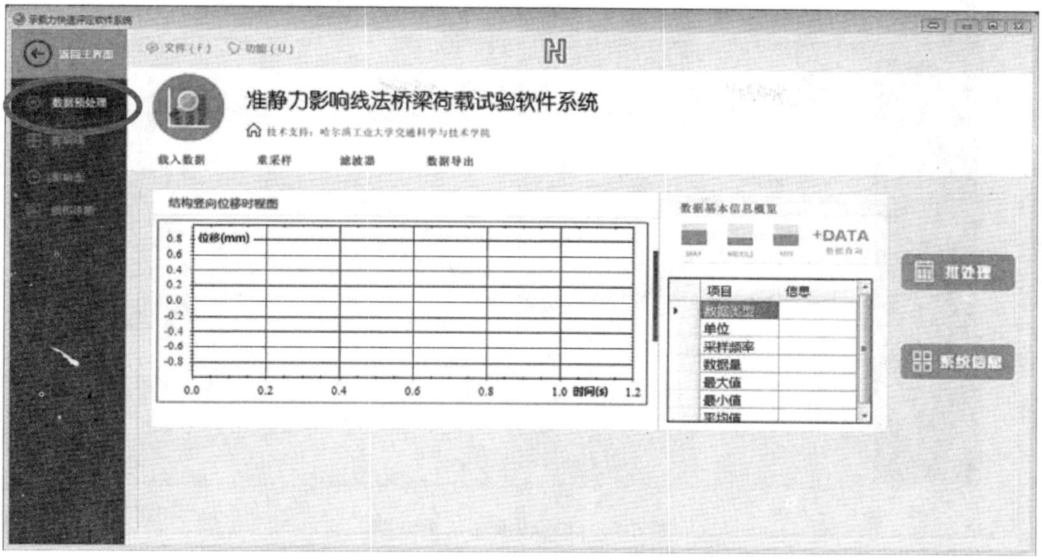


图 6-5　数据预处理界面示意图

#### 6.5.1.2　载入数据

使用本软件系统处理试验数据，需按照如下步骤进行。首先单击“载入数据”按钮，并根据提示选取试验数据文件。数据文件类型支持文本文件或系统特有的二进制格式文件。需要注意的是，此处仅能选取某一次试验数据，不能批量载入，如图 6-6 所示。

完成数据选取后，系统将读取数据，并将其绘制于右侧图表控件中。同时，将会在“数据概览”部分显示载入数据的类型、单位、采样频率、数据量、最大值、最小值及平均值等基本信息，如图 6-7 所示。

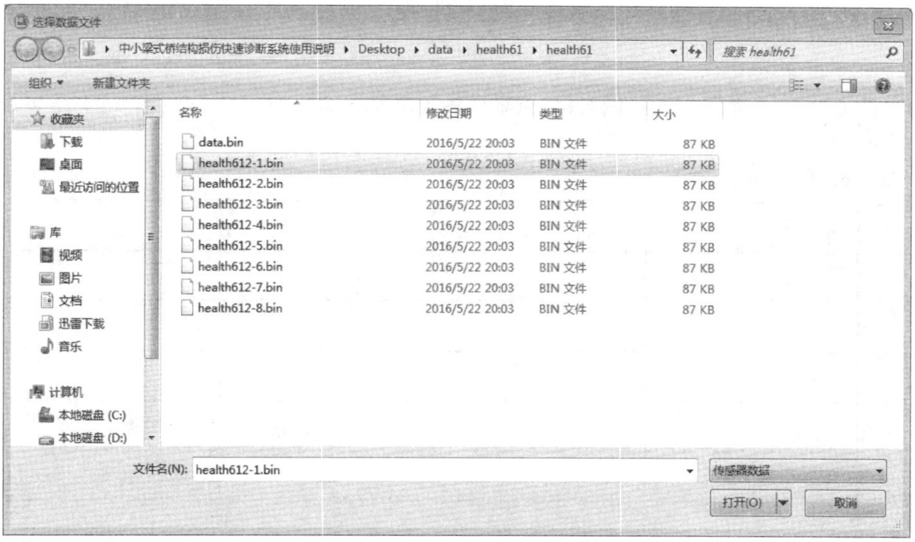


图 6-6　试验数据载入示意图

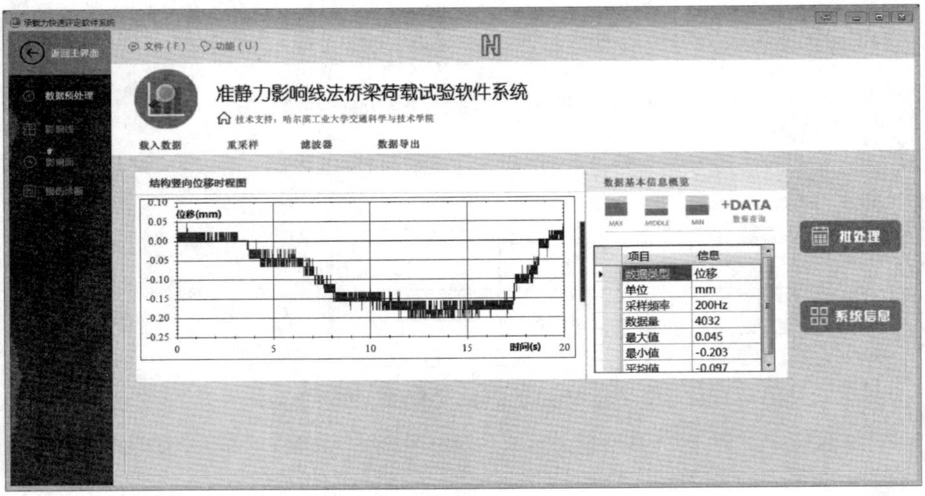


图 6-7　试验数据显示示意图

### 6.5.1.3　重采样

单击“重采样”按钮，在弹出的“重采样”对话框内输入重采样系数，确定后系统将对数据进行重采样处理，并将结果显示在图表控件中，如图 6-8、图 6-9 所示。

图 6-8　重采样系数输入示意图

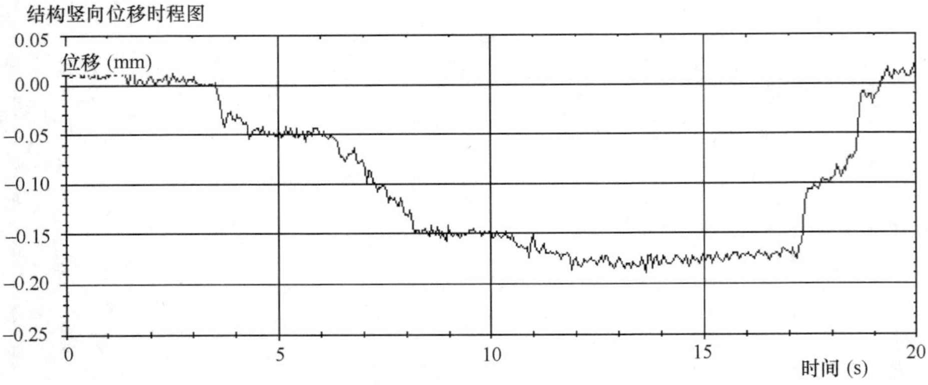


图 6-9　数据重采样结果示意图

#### 6.5.1.4　滤波器

单击“滤波”按钮，在弹出的“滤波”对话框内输入合适的截止频率，系统将自动对数据进行滤波，并显示处理后的结果，如图 6-10、图 6-11 所示。

图 6-10　滤波器截止频率输入示意图

#### 6.5.1.5　数据导出

单击“数据导出”按钮，在弹出的对话框中选择保存位置，即可将处理之后的数据导出为本软件内部二进制格式文件。

按照以上步骤，即可完成一次试验数据的预处理工作。用户可以单击“批处理”按钮，在弹出的对话框中选取包含待处理数据的文件夹，系统将搜索该文件夹中包含的全部数据文件，根据上一次用户选取的各项参数，自动对其进行处理并保存，如图 6-12 所示。

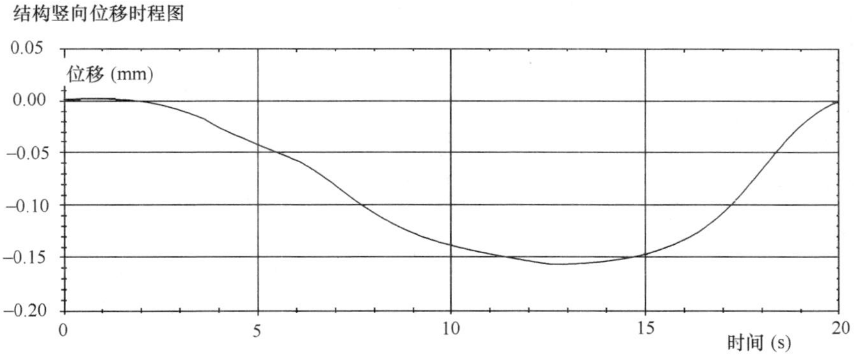


图 6-11　数据滤波处理结果示意图

图 6-12　选择批处理文件夹示意图

## 6.5.2 影响线

### 6.5.2.1 选项界面

单击“影响线”选项卡，即可进入影响线界面，如图 6-13 所示。该部分的主要功能是根据准静载试验数据绘制各测点影响线。桥梁结构影响线的绘制需要按照如下步骤进行。

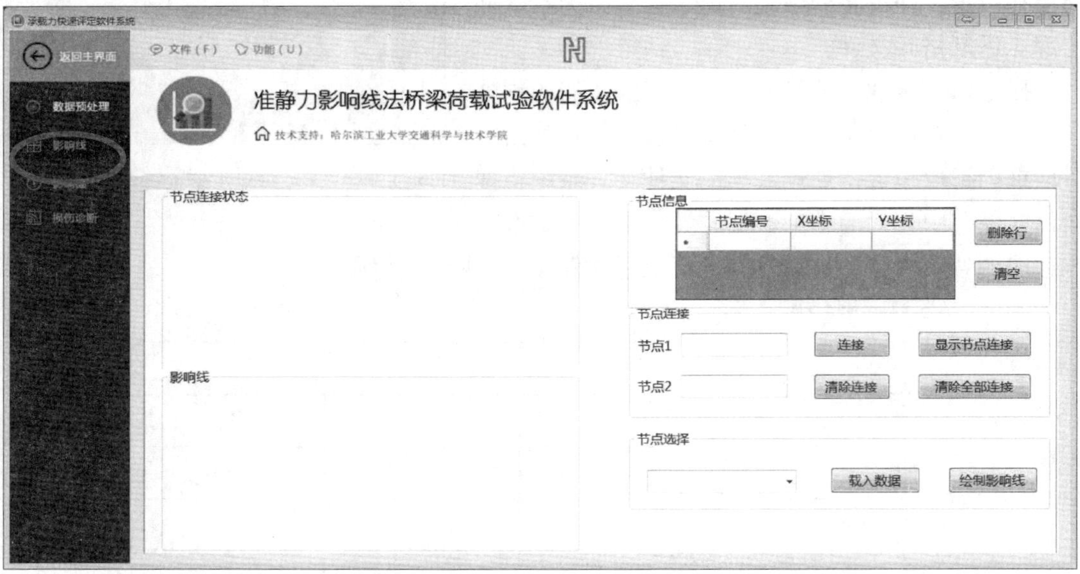


图 6-13 影响线界面示意图

### 6.5.2.2 节点信息

在界面“节点信息”表格内输入桥梁结构关键节点信息。在此过程中，如果用户发现信息输入有误，则可以通过“删除行”按钮或“清空”按钮功能进行删改，如 6-14 所示。

图 6-14 节点信息输入示意图

### 6.5.2.3 节点连接

在“节点连接”部分，依次将关键节点连接起来，随后单击“显示节点连接”按钮，即可在“节点连接状态”框内显示当前结构各节点间的连接情况，如图 6-15 所示。

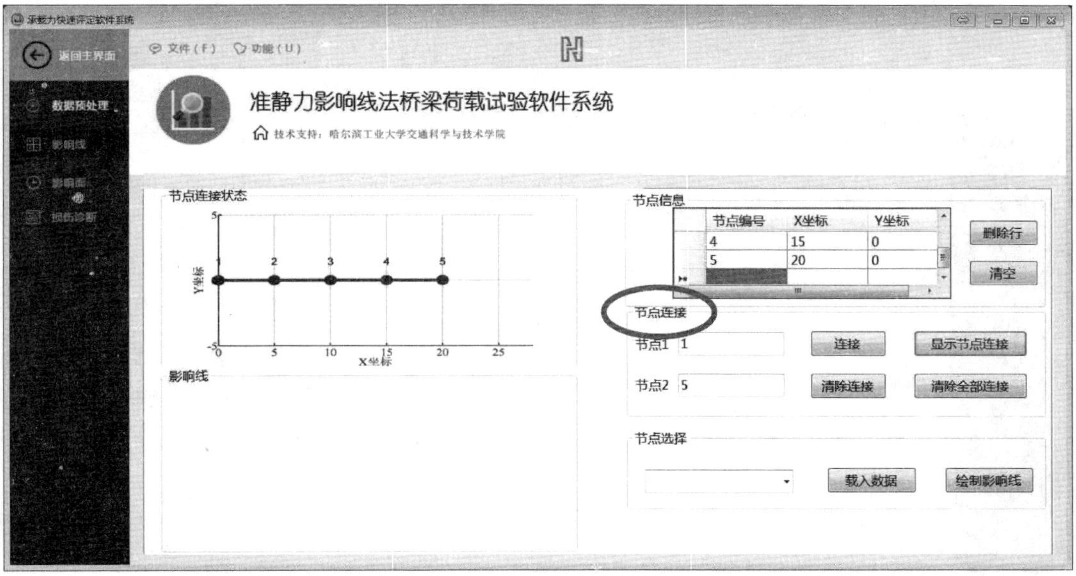

图 6-15　节点连接示意图

#### 6.5.2.4　节点选择

在“节点选择”部分，根据试验过程中传感器的布置情况，单击“▽”选择传感器测点所在的节点编号，如图 6-16 所示。

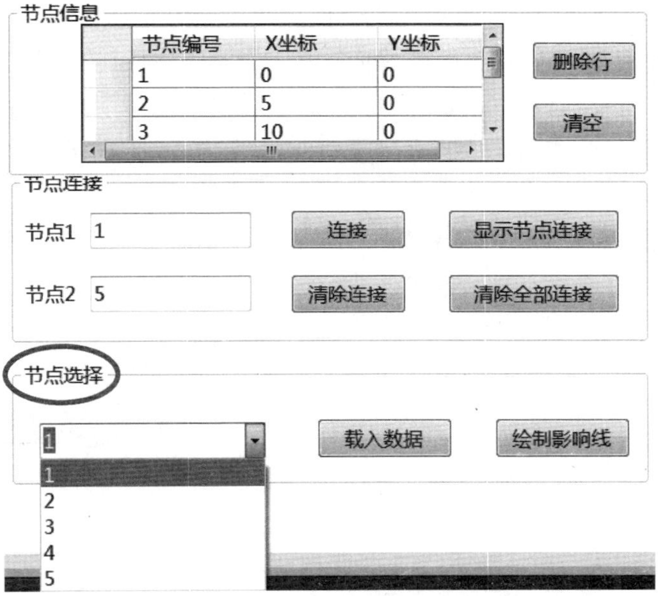

图 6-16　节点选择示意图

单击“载入数据”按钮，选取并载入经预处理的传感器数据。随后单击“绘制影响线”按钮，即可在“影响线”选项卡内显示该测点影响线，如图 6-17 所示。

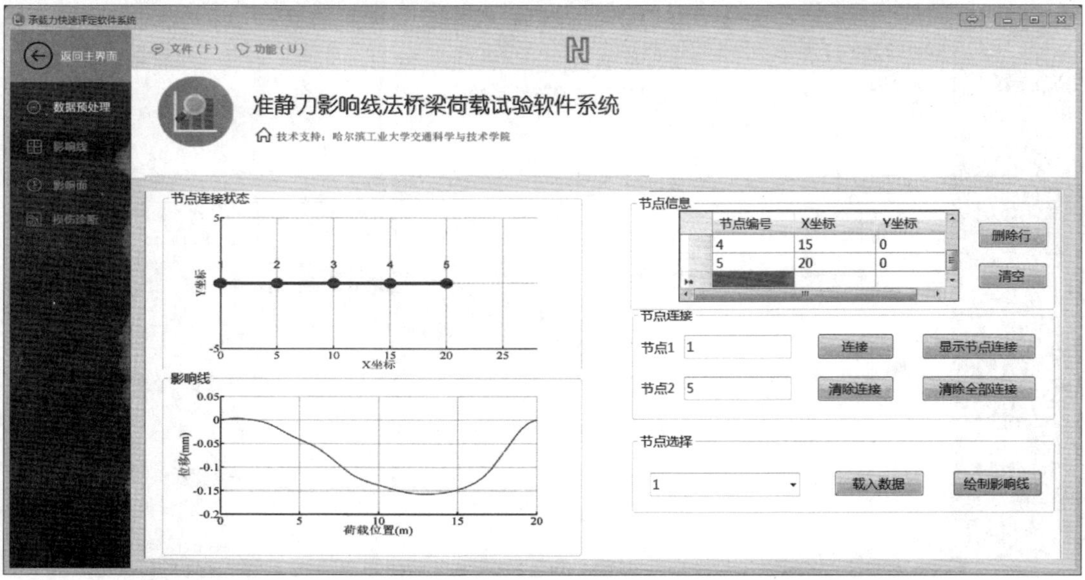


图 6-17　影响线绘制示意图

## 6.5.3　影响面

### 6.5.3.1　选项界面

单击“影响面”选项卡，即可进入影响面界面，如图 6-18 所示。该部分的主要功能是根据准静载试验数据绘制各测点影响面。桥梁结构影响面的绘制需要按照如下步骤进行。

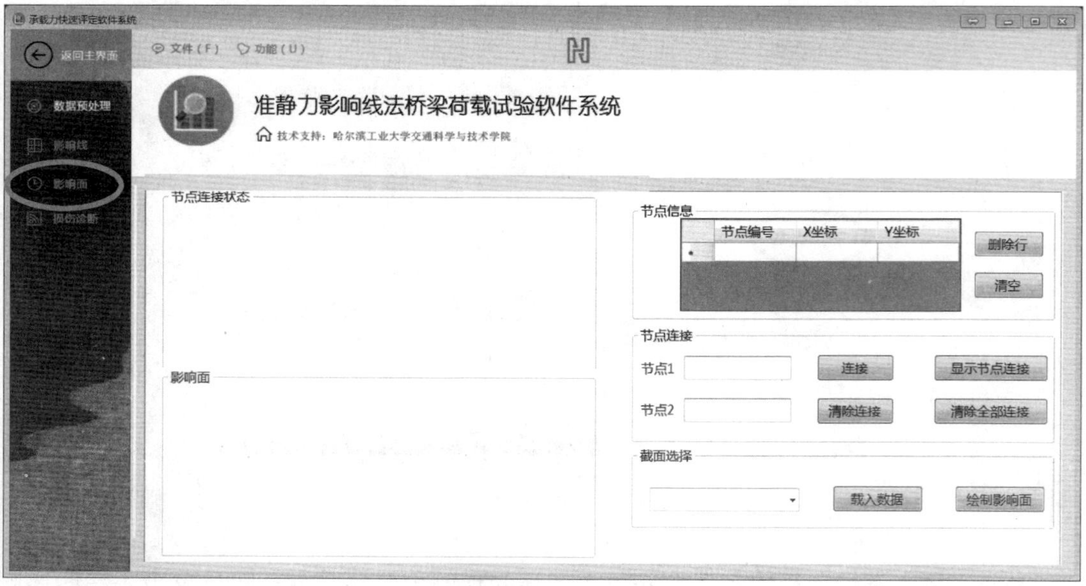


图 6-18　影响面界面示意图

#### 6.5.3.2　节点信息

在界面“节点信息”表格内输入桥梁结构关键节点信息，与“影响线”选项卡中节点信息操作相同，如果发现信息输入有误，可通过“删除行”按钮或“清空”按钮功能进行删改，如图 6-19 所示。

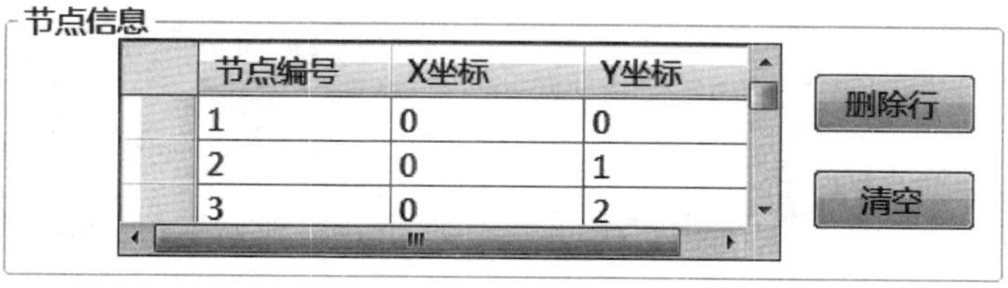


图 6-19　节点信息输入示意图

#### 6.5.3.3　节点连接

由于认定影响面是由考虑横向系数分布的几条影响线数据构成，因此在“节点连接”显示框内，要将几组关键节点连接起来，如图 6-20 所示。

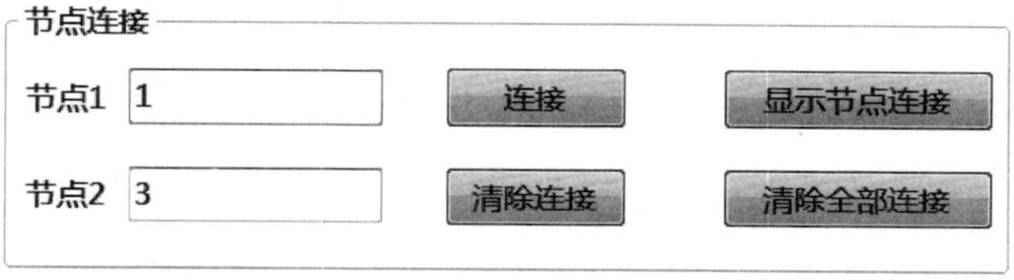


(a)

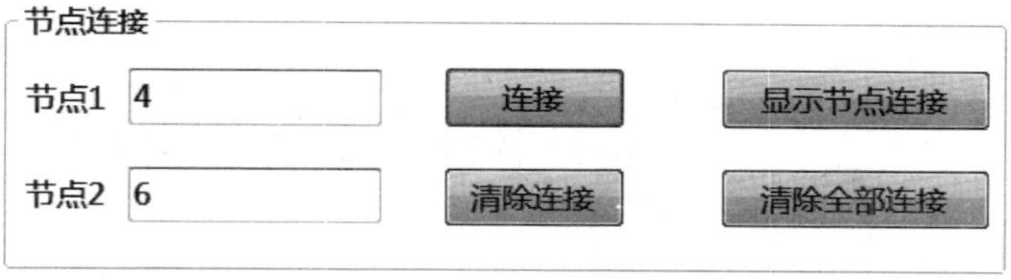


(b)

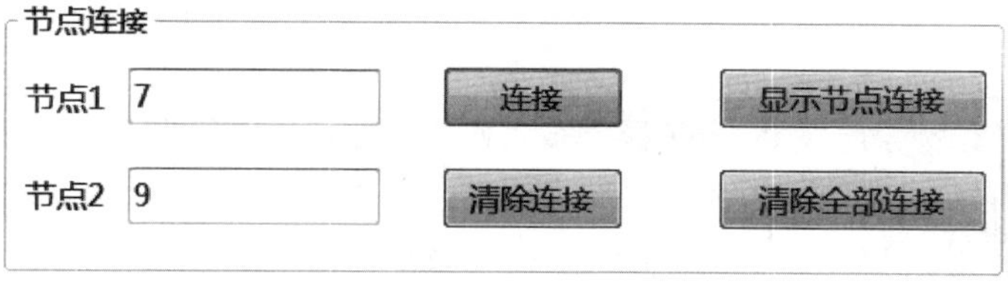


(c)

图 6-20　节点连接示意图

(a) 第一组面节点连接；(b) 第二组面节点连接；(c) 第三组面节点连接

三组节点连接后，单击“显示节点连接”按钮，即可在“节点连接状态”显示框内显示当前结构各节点间的连接情况，如图 6-21 所示。

#### 6.5.3.4　截面选择

在“截面选择”显示框内，根据试验过程中传感器的布置情况，单击“▽”选择传感器布置所在的截面编号，如图 6-22 所示。

单击“载入数据”按钮，选取并载入经预处理的传感器数据。随后单击“绘制影响面”按钮，即可在“影响面”显示框内显示该截面影响面，如图 6-23 所示。

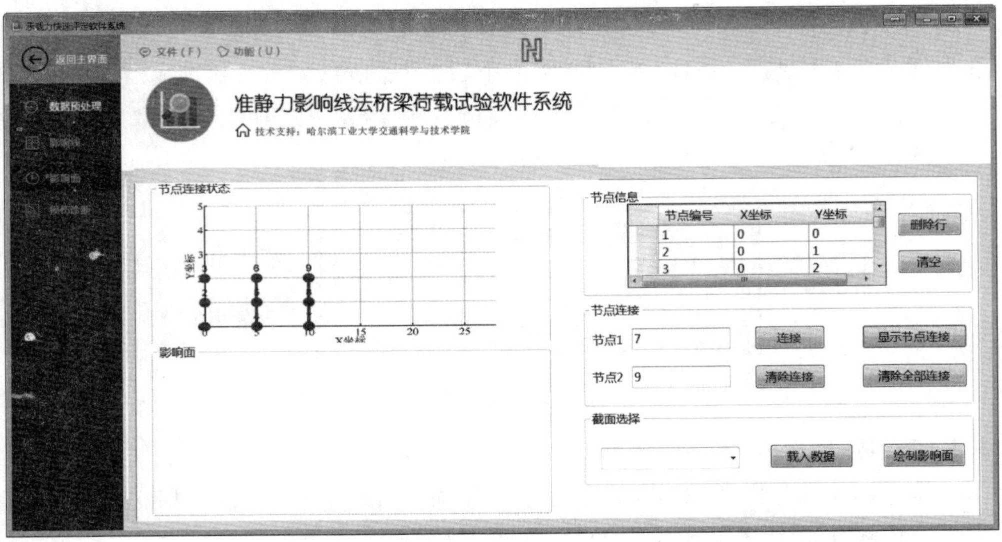


图 6-21　节点连接示意图

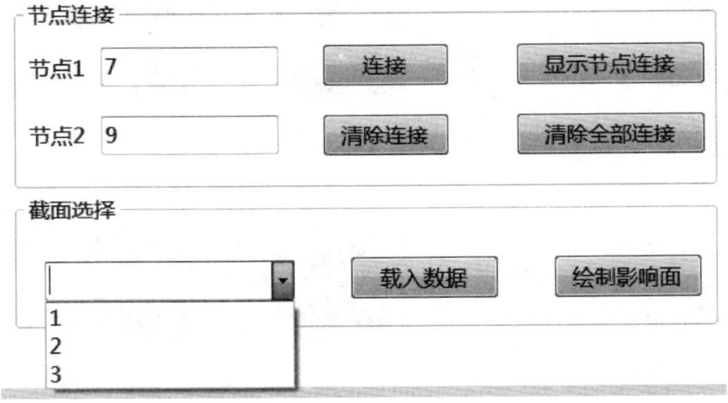


图 6-22　截面选择示意图

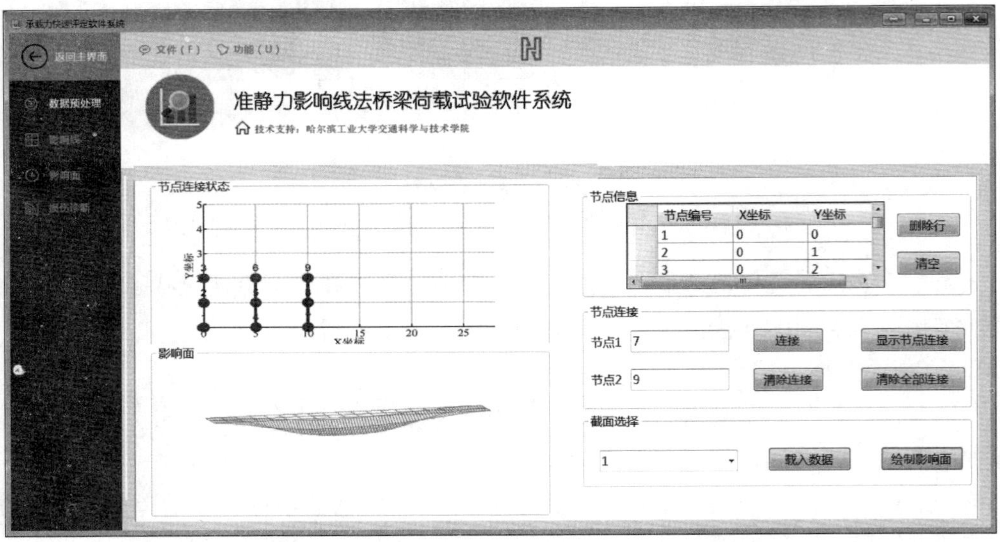


图 6-23　影响面绘制示意图

## 6.5.4　损伤诊断

### 6.5.4.1　选项界面

单击“损伤诊断”选项卡即可进入该界面。系统能够载入“待诊断状态测试数据”与“参考状态测试数据”。采用本书提出的桥梁结构承载力快速诊断算法，实现对桥梁结构的损伤诊断，如图 6-24 所示。利用实测数据对桥梁结构进行诊断，需要按如下步骤进行。

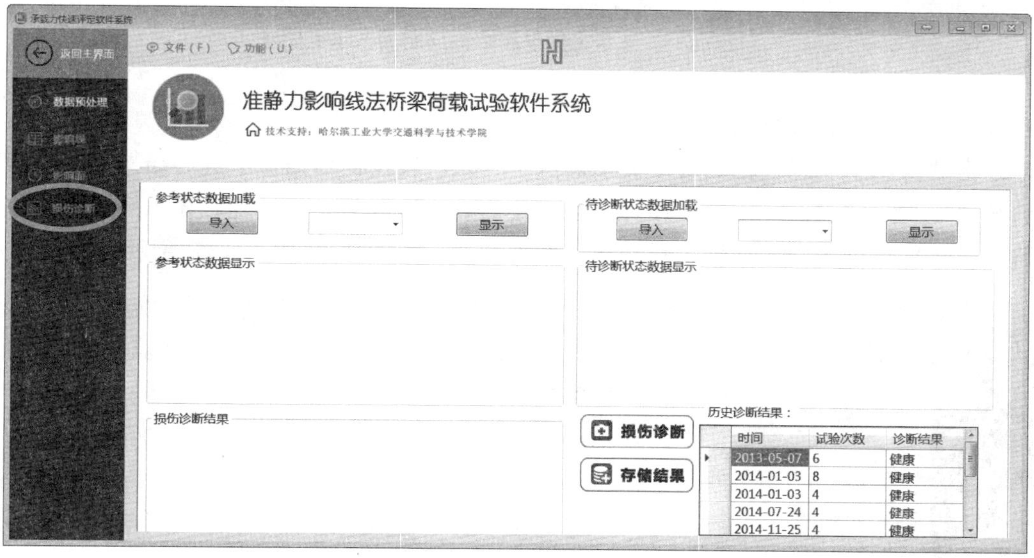


图 6-24　损伤诊断界面示意图

### 6.5.4.2　参考状态数据加载

单击“参考状态数据加载”显示框内“导入”按钮，根据提示选取结构健康状态时的试验数据。载入完成后，用户可以在下拉列表内选取某一次试验，显示桥梁跨中位置影响面，如图 6-25、图 6-26 所示。

图 6-25　参考状态试验数据“导入”示意图

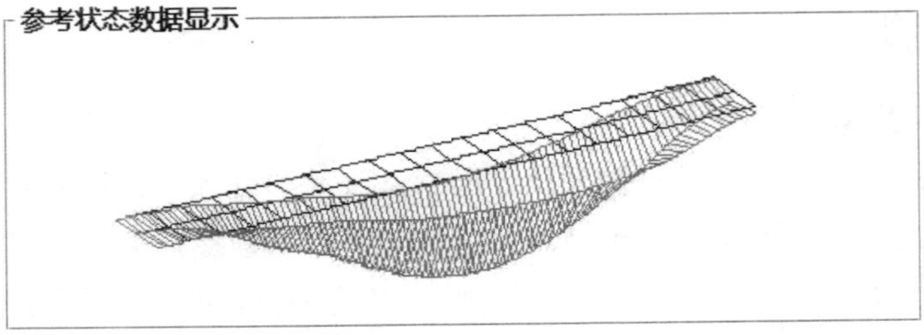


图 6-26　参考状态数据影响面绘制局部示意图

### 6.5.4.3　待诊断状态数据加载

单击“待诊断状态数据加载”显示框内“导入”按钮，根据提示选取结构某次准静载试验数据。载入完成后，用户同样可以在下拉列表内选取某一次试验，显示桥梁跨中位置影响面。每选择导入一组数据，即绘制一次影响面，如图 6-27 和图 6-28 所示。

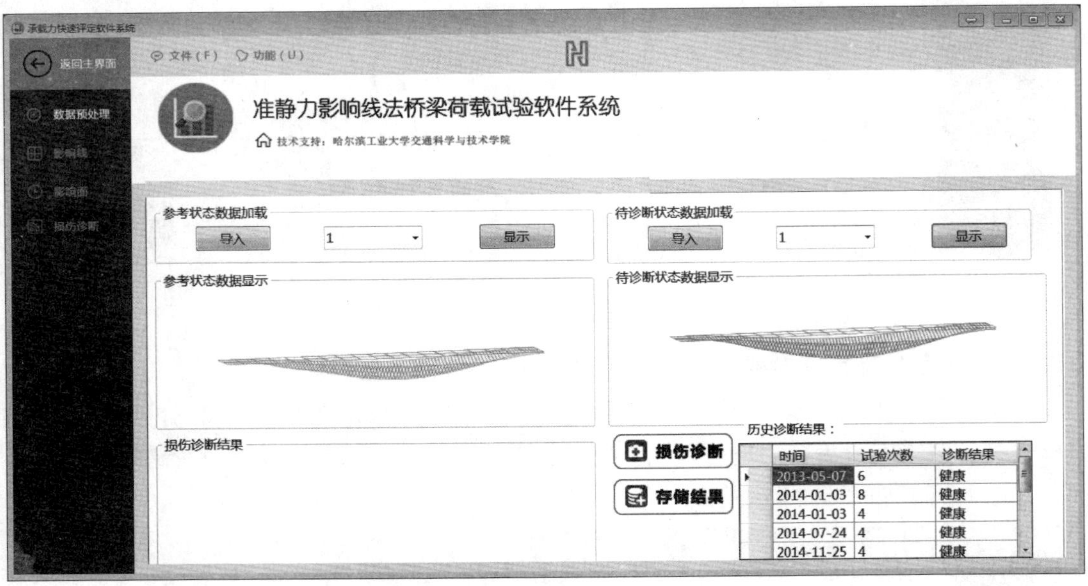


图 6-27　待诊断状态试验数据“导入”示意图

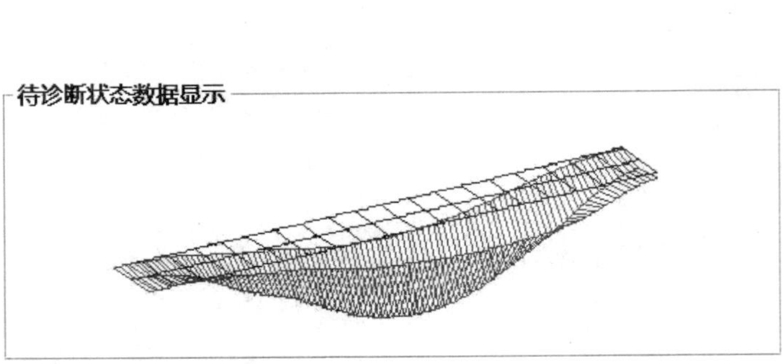


图 6-28　待诊断状态数据影响面绘制局部示意图

### 6.5.4.4　损伤诊断

单击“损伤诊断”选项卡，系统自动将待诊断状态及参考状态试验数据导入 MATLAB 程序中执行计算；在此基础上，系统根据所提出的桥梁承载力快速评定方法对该桥梁结构状况进行评定。

诊断完成后，软件系统以图片形式返回损伤诊断结果：若该组待诊断数据的损伤指标值超过损伤诊断阈值，则判定结构发生损伤；若该组数据的损伤诊断指标值未超过损伤诊断阈值，则判定结构未发生损伤。

此外，软件系统还会计算并显示出桥梁结构刚度折减系数，给出结构是否产生损伤的诊断结果，如图 6-29、图 6-30 所示。

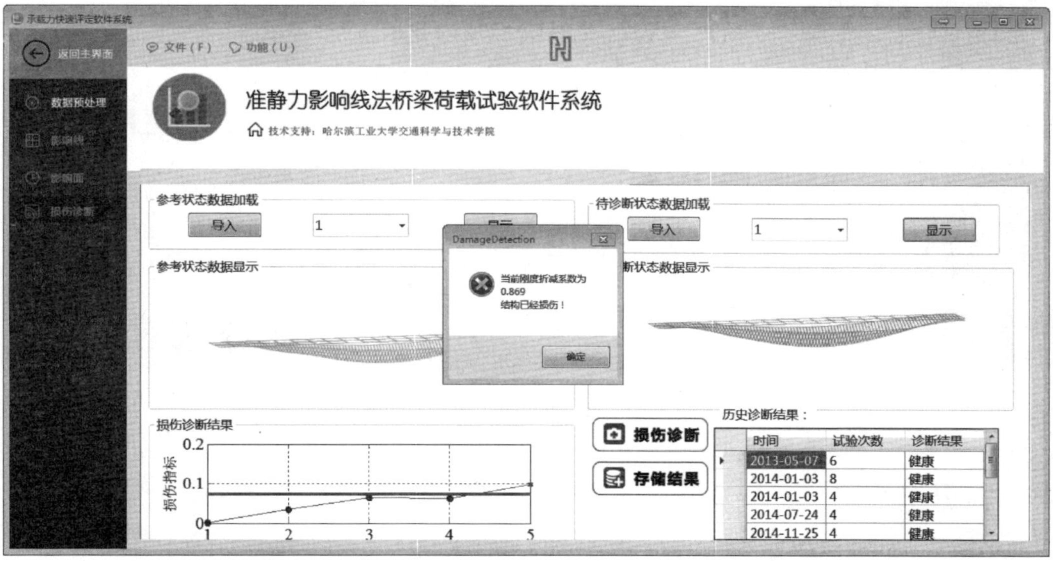


图 6-29　“结构损伤”评定结果示意图

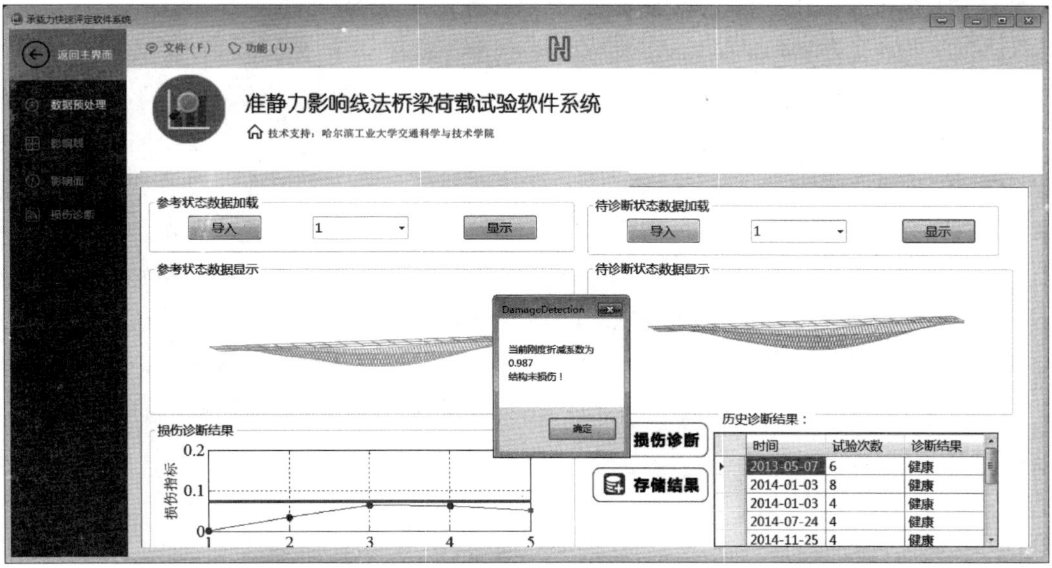


图 6-30　“结构未损伤”评定结果示意图

#### 6.5.4.5 存储结果

单击“存储结果”按钮，即可将本次试验数据及诊断结果存入数据库，以备日后取用。“历史诊断结果”显示框内显示了数据库中存储的诊断结果，其中深色标记数据表示“结构被诊断为损伤”，如图 6-31 所示。

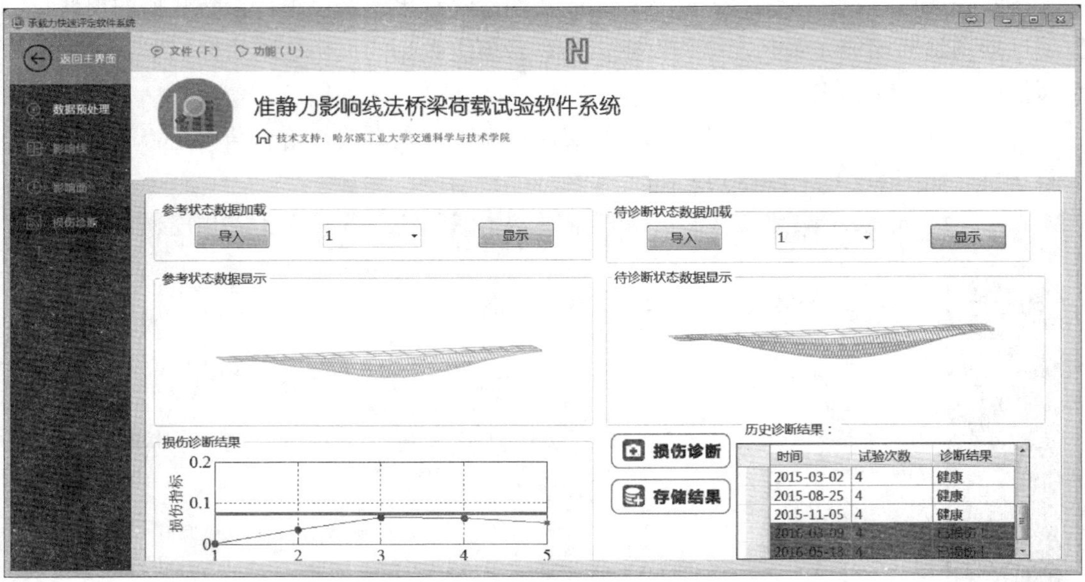


图 6-31　单击“存储结果”按钮

### 6.5.5 退出系统

在任意界面，单击窗体右上角的“×”按钮，或在主界面及子界面中单击界面右上方的“关闭系统”按钮弹出如下退出确认对话框，此时单击“确定”按钮即可退出系统；单击“取消”按钮放弃退出操作，回到此前界面，如图 6-32 所示。

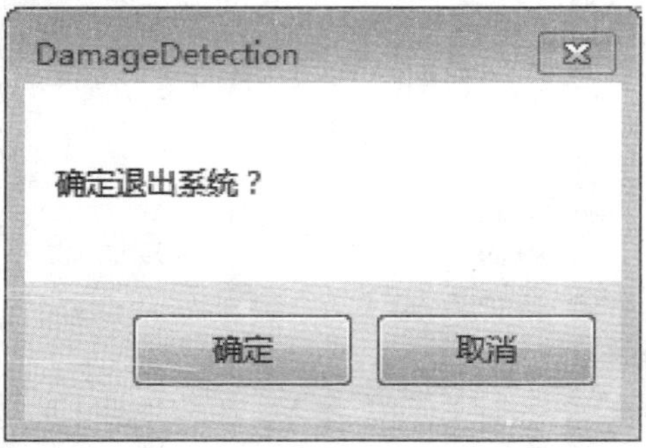


图 6-32　退出系统示意图

中小型桥梁承载力快速评定软件系统能够对桥梁结构进行等级评定，对于不同等级的桥梁灵活选用具有针对性的损伤诊断方法。在短暂中断交通条件下基于准静载试验的快速诊断系统，具有界面简洁美观，操作难度低，系统运行流畅，计算速度快，稳定性好，可扩展性强等优点。同时，该系统能够将桥梁结构历次试验数据与诊断结果存入数据库，随着参考状态数据量的不断增加，损伤诊断算法的准确率也将逐步提高。

# 参 考 文 献


[1] 唐旭. 基于准静力影响面的桥梁结构损伤快速诊断方法研究[D]. 哈尔滨工业大学，2015.

[2] 李彦俊. 基于拟静力荷载试验响应的桥梁损伤识别方法研究[D]. 重庆交通大学，2012.

[3] 谭金华，陈惟珍，徐俊. 桥梁外观调查状态评估方法的比较和应用[J]. 桥梁建设，2004(6)：73-76.

[4] 邓桂萍. 桥梁承载力评定方法的比较[J]. 山西建筑，2009，35(13)：326-327.

[5] 李旺东. 基于静力测试的拱桥模型修正及承载力诊断[D]. 长安大学，2010：45-49.

[6] 曹慧. 基于检算系数和裂缝指标的 RC 梁桥承载能力诊断[D]. 长安大学，2011：56-72.

[7] 时玉平. 基于荷载试验的混凝土桥梁承载力诊断方法及加固技术研究[D]. 吉林，吉林大学，2004：41-45.

[8] 蓝勇. 高寒地区桥梁承载力快速诊断技术[D]. 重庆，重庆交通大学，2010：5-45.

[9] Hover K C. Special Problems in Evaluating the Safety of Concrete Bridges and Concrete Bridge Components[J]. Construction and Building Materials，1996，10(1)：39-43.

[10] 时玉平. 基于荷载试验的混凝土桥梁承载力评定方法及加固技术研究[D]. 吉林大学，2004.

[11] 张彦玲，李运生，王海龙. 既有桥梁承载力评估方法研究[J]. 国防交通工程与技术，2003，1(1)：33-36.

[12] 王研. 基于固有频率变化的桥梁损伤识别[D]. 华东交通大学，2012.

[13] Askegaard V，Mossing P. Long term observation of RC-bridge using changes in natural frequency[J]. Nordic Concrete Research，1988：20-27.

[14] Lifshitz J M，Rotem A. Determination of Reinforcement Unbonding of Composites by a Vibration Technique[J]. Journal of Composite Materials，1969，3(3)：412-423.

[15] Penny J E T，Wilson D A L，Friswell M I. Damage Location in Structures Using Vibration Data[C]. 1993.

[16] Stubbs N，Kim J T，Topole K. An Efficient and Robust Algorithm for Damage Localization in Offshore Platforms [C]. Proceedings of the ASCE Tenth Structures Congress. 1992：543-546.

[17] 杜永峰，刘云帅，王晓琴. 基于挠度差值影响线曲率的简支梁桥损伤识别[J]. 桥梁建设，2009(4)：80-83.

[18] 史文军. 基于准静态影响线的桥梁承载能力评估方法研究[D]. 河北工业大学，2012.

[19] 李彦俊. 基于拟静力荷载试验响应的桥梁损伤识别方法研究[D]. 重庆交通大学，2012.

[20] 孙鹏辉. JC 法研究及其在桥梁结构可靠度中的应用[D]. 河南大学，2015.

[21] Rubinstein R Y. Simulation and the Monte Carlo Method[M]. Simulation and the Monte Carlo method. John Wiley & Sons，1982：1-345.

[22] Zuo D F，Liu P. Evaluation and study on reliability of the structure components of a bridge with consideration of time-dependent resistance [J]. Journal of Anhui Institute of Architecture & Industry，2009.

[23] Zhe L U，Wang E，Qiu H，et al. Fuzzy Analog Method of Reliability Evaluation of Existing Reinforced Concrete Bridge[J]. Journal of Wuhan University of Technology，2003，25(12)：108-98.

[24] 张爱林，赵国藩，王光远. 现役结构模糊动态可靠度评估实用方法[J]. 应用基础与工程科学学

报，1998，6(1)：83-90.

[25] Doebling，Scott W，Charles R F，Michael B P. A Summary Review of Vibration-based Damage Identification Methods[J]. Shock and vibration digest 30. 2 1998：91-105.

[26] 申慧才. 基于准静态影响面理论的桥梁快速评定新技术[D]. 河北工业大学，2014.

[27] Housner G W，Bergman L A，Caughey T K，et al. Structural control：past，present，and future [J]. Journal of engineering mechanics，1997，123(9)：897-971.

[28] 朱宏平，余璟，张俊兵. 结构损伤动力检测与健康监测研究现状与展望[J]. 工程力学，2011，28(2)：1-11.

[29] 李睿. 基于时域响应特征提取与异常检测的结构损伤诊断方法研究 [D]. 长沙：湖南大学学位论文，2007：1-2.

[30] Worden K，Manson G. The application of machine learning to structural health monitoring[J]. Philosophical Transactions of the Royal Society of London A：Mathematical，Physical and Engineering Sciences，2007，365(1851)：515-537.

[31] Friswell M I. Damage identification using inverse methods[J]. Philosophical Transactions of the Royal Society of London A：Mathematical，Physical and Engineering Sciences，2007，365(1851)：393-410.

[32] 赵玲，李爱群. 基于神经网络技术的斜拉桥损伤分步识别方法[J]. 公路交通科技，2009，26(9)：70-75.

[33] Salawu O S. Detection of structural damage through changes in frequency：a review[J]. Engineering structures，1997，19(9)：718-723.

[34] Farrar C R.，Worden K. An introduction to structural health monitoring[J]. Philosophical Transactions of the Royal Society of London A：Mathematical，Physical and Engineering Sciences，2007，365(1851)：303-315.

[35] Yan Y J，Cheng L，Wu Z Y，et al. Development in vibration-based structural damage detection technique[J]. Mechanical Systems and Signal Processing，2007，21(5)：2198-2211.

[36] Koiakowski P. Structural health monitoring-a review with the emphasis on low-frequency methods [J]. Engineering Transactions，2007，55(3)，239-275.

[37] Farrar C R，Doebling S W. An overview of modal-based damage identification methods[C]//Proceedings of DAMAS Conference. 1997：269-278.

[38] Doebling S W，Farrar C R，Prime M B. A summary review of vibration-based damage identification methods[J]. Shock and vibration digest，1998，30(2)：91-105.

[39] 韩大建，王文东. 基于振动的结构损伤识别方法的近期研究进展[J]. 华南理工大学学报：自然科学版，2003，31(1)：91-96.

[40] 杨秋伟. 基于振动的结构损伤识别方法研究进展[J]. 振动与冲击，2007，26(10)：86-91.

[41] Sazonov E，Klinkhachorn P. Optimal spatial sampling interval for damage detection by curvature or strain energy mode shapes[J]. Journal of sound andvibration，2005，285(4-5)：783-801.

[42] Yao，Y.；Glisic，B. Detection of steel fatigue cracks with strain sensing sheets based on large area electronics[J]. Sensors，2015，15(4)，8088-8108.

[43] Hendriks，G. A. G. M.；Chen，C.；Hansen，H. H. G.；Korte C. L. Quasi-staticelastography and ultrasound plane-wave imaging：The effect of beam-forming strategies on the accuracy of dis-

placement estimations[J]. Applied Sciences. 2018, 8(3), 319.

[44] Wang, T.; Celik, O.; Catbas, F. N.; Zhang, L. M. A frequency and spatial domain decomposition method for operational strain modal analysis and its application[J]. Engineering Structures. 2016, 114, 104-112.

[45] Cheng, L.; Cigada, A. Experimental strain modal analysis for beam-like structure by using distributed fibre optics and its damage detection[J]. Measurement Science and Technology. 2017, 28(7), 074001.

[46] Cui, H.; Xu, X.; Peng, W.; Hong M. A damage detection method based on strain modes for structures under ambient excitation[J]. Measurement. 2018, 125, 438-446.

[47] Shi, Z. Y.; Law, S. S.; Zhang, L. M. Structural damage detection from modal strain energy change[J]. Journal of engineering mechanics. 2000, 126(12), 1216-1223.

[48] Cha, Y. J.; Buyukozturk, O. Structural damage detection using modal strain energy and hybrid multiobjective optimization[J]. Computer-Aided Civil and Infrastructure Engineering. 2015, 30(5), 347-358.

[49] Vo-Duy, T.; Ho-Huu, V.; Dang-Trung, H.; Nguyen-Thoi, T. A two-step approach for damage detection in laminated composite structures using modal strain energy method and an improved differential evolution algorithm[J]. Composite Structures. 2016, 147, 42-53.

[50] Tan, Z. X.; Thambiratnam, D. P.; Chan, T. H. T.; Abdul Razak, H. Detecting damage in steel beams using modal strain energy based damage index and Artificial[J] Neural Network. Engineering Failure Analysis. 2017, 79, 253-262.

[51] Xu, Y. L.; Chen, J. Structural damage detection using empirical mode decomposition: experimental investigation[J]. Journal of engineering mechanics. 2004, 130(11), 1279-1288.

[52] Li, X. Y.; Wang, L. X.; Law, S. S., Nie, Z. H. Covariance of dynamic strain responses for structural damage detection[J]. Mechanical Systems and Signal Processing. 2017, 95, 90-105.

[53] Kong X, Cai C S, Hu J. The state-of-the-art on framework of vibration-based structural damage identification for decision making[J]. Applied Sciences, 2017, 7(5): 497.

[54] Moughty J J, Casas J R. A state of the art review of modal-based damage detection in bridges: development, challenges, and solutions[J]. Applied Sciences, 2017, 7(5): 510.

[55] Cao M S, Ding Y J, Ren W X, et al. Hierarchical wavelet-aided neural intelligent identification of structural damage in noisy conditions[J]. Applied Sciences, 2017, 7(4): 391.

[56] Zhao H, Uddin N, O'Brien E J, et al. Identification of vehicular axle weights with a bridge weigh-in-motion system considering transverse distribution of wheel loads[J]. Journal of Bridge Engineering, 2013, 19(3): 04013008.

[57] Wang X, Hu N, Fukunaga H, et al. Structural damage identification using static test data and changes in frequencies[J]. Engineering structures, 2001, 23(6): 610-621.

[58] Banan M R, Banan M R, Hjelmstad K D. Parameter estimation of structures from static response. I. Computational aspects[J]. Journal of structural engineering, 1994, 120(11): 3243-3258.

[59] Banan M R, Banan M R, Hjelmstad K D. Parameter estimationof structures from static response. II: Numerical simulation studies[J]. Journal of structural engineering, 1994, 120(11): 3259-3283.

[60] Abdo M A B. Parametric study of using only static response in structural damage detection[J]. En-

gineering Structures, 2012, 34: 124-131.

[61] Guo T, Li A Q, Song Y S, et al. Experimental study on strain and deformation monitoring of reinforced concrete structures using PPP-BOTDA[J]. Science in China Series E: Technological Sciences, 2009, 52(10): 2859-2868.

[62] Yang Q W. A new damage identification method based on structural flexibility disassembly[J]. Journal of Vibration and Control, 2011, 17(7): 1000-1008.

[63] Yang Q W, Liu J K. Damage identification by the eigenparameter decomposition of structural flexibility change [J]. International Journal for Numerical Methods in Engineering, 2009, 78(4): 444-459.

[64] Choi I Y, Lee J S, Choi E, et al. Development of elastic damage load theorem for damage detection in a statically determinate beam[J]. Computers & Structures, 2004, 82(29-30): 2483-2492.

[65] Wang C Y, Huang C K, Chen C S. Damage assessment of beam by a quasi-static moving vehicular load[J]. Advances in Adaptive Data Analysis, 2011, 3(04): 417-445.

[66] Grandić I Š, Grandić D, Bjelanović A. Comparison of techniques for damage identification based on influence line approach[J]. Machines, technologies, materials, 2011, 7: 9-13.

[67] Štimac I, Mihanović A, Kožar I. Damage detection from analysis of displacement influence lines [C]//International Conference on Bridges. 2006.

[68] Chen Z W, Zhu S, Xu Y L, et al. Damage detection in long suspension bridges using stress influence lines[J]. Journal of Bridge Engineering, 2014, 20(3): 05014013.

[69] Zeinali Y, Story B A. Impairment localization and quantification using noisy static deformation influence lines and Iterative Multi-parameter Tikhonov Regularization[J]. Mechanical Systems and Signal Processing, 2018, 109: 399-419.

[70] Zeinali Y, Story B. Framework for flexural rigidity estimation in Euler-Bernoulli beams using deformation influence lines[J]. Infrastructures, 2017, 2(4): 23.

[71] Zaurin R, Catbas F N. Integration of computer imaging and sensor data for structural health monitoring of bridges[J]. Smart Materials and Structures, 2009, 19(1): 1-15.

[72] Zaurin R, Necati Catbas F. Structural health monitoring using video stream, influence lines, and statistical analysis[J]. Structural Health Monitoring, 2011, 10(3): 309-332.

[73] He W Y, Ren W X, Zhu S. Damage detection of beam structures using quasi-static moving load induced displacement response[J]. Engineering Structures, 2017, 145: 70-82.

[74] He W Y, Zhu S. Moving load-induced response of damaged beam and its application in damage localization[J]. Journal of Vibration and Control, 2016, 22(16): 3601-3617.

[75] He W Y, Ren W X, Zhu S. Baseline-free damage localization method for statically determinate beam structures using dual-type response induced by quasi-static moving load[J]. Journal of Sound and Vibration, 2017, 400: 58-70.

[76] Chen Z, Li Q, Ansari F, et al. Serial multiplexing of optical fibers for sensing of structural strains [J]. Journal of Structural Control, 2000, 7(1): 103-117.

[77] Bao X, DeMerchant M, Brown A, et al. Tensile and compressive strain measurement in the lab and field with the distributed Brillouin scattering sensor[J]. Journal of lightwave technology, 2001, 19(11): 1698.

[78] Bao, X. Optical fibre sensors based on Brillouin scattering[J]. Optics and Photonics News. 2009, 20(9), 40-46.

[79] Dong, Y.; Zhang, H.; Lu, Z.; Chen, L.; Bao, X. Long-range and high-spatial-resolution distributed birefringence measurement of a polarization-maintaining fibre based on Brillouin dynamic grating [J]. Journal of Lightwave Technology. 2013, 31(16), 2981-2986.

[80] Dong, Y.; Zhang, H.; Chen, L.; Bao, X. 2-cm-spatial-resolution and 2-km-range Brillouin optical fibre sensor using a transient differential pulse pair[J]. Applied Optics. 2012, 51(9), 1229-1235.

[81] Glisic, B.; Inaudi, D. Development of method for in-service crack detection based on distributed fibre optic sensors[J]. Structural Health Monitoring. 2012, 11(2), 161-171.

[82] Motamedi, M. H.; Feng, X.; Zhang, X.; Sun, C.; Ansari, F. Quantitative investigation in distributed sensing of structural defects with Brillouin optical time domain reflectometry[J]. Journal of Intelligent Material Systems and Structures. 2013, 24(10), 1187-1196.

[83] Shi, B.; Xu, H.; Chen, B.; Zhang, D.; Ding, Y.; Cui, H.; Gao, J. A feasibility study on the application of fibre-optic distributed sensors for strain measurement in the Taiwan Strait Tunnel project[J]. Marine Georesources and Geotechnology. 2003, 21(3-4), 333-343.

[84] Cavadas F, Smith I F C, Figueiras J. Damage detection using data-driven methods applied to moving-load responses[J]. Mechanical Systems and Signal Processing, 2013, 39(1-2): 409-425.

[85] Liu Y, Zhang S. Damage Localization of Beam Bridges Using Quasi-Static Strain Influence Lines Based on the BOTDA Technique[J]. Sensors, 2018, 18(12): 4446.

[86] Sohn H. Effects of environmental and operational variability on structural health monitoring[J]. Philosophical Transactions of the Royal Society of London A: Mathematical, Physical and EngineeringSciences, 2007, 365(1851): 539-560.

[87] 朱宏平，余璟，张俊兵. 结构损伤动力检测与健康监测研究现状与展望[J]. 工程力学，2011，28(2)：1-11.

[88] Cawley P, Adams R D. The location of defects in structures from measurements of natural frequencies[J]. The Journal of Strain Analysis for Engineering Design, 1979, 14(2): 49-57.

[89] Wang W, ZHANG A. Sensitivity analysis in fault vibration diagnosis of structures [C]//London: 5th International Modal Analysis Conference, 1987: 496-501.

[90] Stubbs N, Broome T H, Osegueda R. Nondestructive construction error detection in large space structures[J]. AIAA journal, 1990, 28(1): 146-152.

[91] Hearn G, Testa R B. Modal analysis for damage detection in structures[J]. Journal of Structural Engineering, 1991, 117(10): 3042-3063.

[92] 何伟，何容. 基于动力学特性的结构损伤识别研究进展[J]. 铁道建筑，2012(2)：28-31.

[93] Friswell MI, Penny J E T, Wilson D A L. Using vibration data and statistical measures to locate damage in structures[J]. Modal Analysis: The International Journal of Analytical and Experimental Modal Analysis, 1994, 9(4): 239-254.

[94] Salawu O S. Detection of structural damage through changes in frequency: a review[J]. Engineering structures, 1997, 19(9): 718-723.

[95] 高芳清，金建明. 基于模态分析的结构损伤检测方法研究[J]. 西南交通大学学报，1998，33(1)：108-113.

[96] West W M. Illustration of the use of modal assurance criterion to detect structural changes in an orbiter test specimen[C]//Los Angeles：4th International Modal Analysis Conference，1986，1：1-6.

[97] Pandey A K，Biswas M，Samman M M. Damage detection from changes in curvature mode shapes [J]. Journal of sound and vibration，1991，145(2)：321-332.

[98] Fox C H J. The location of defects in structures-A comparison of the use of natural frequency and mode shape data[C]//Venice：10th International Modal Analysis Conference，1992，1：522-528.

[99] Salawu O S，Williams C. Bridge assessment using forced-vibration testing[J]. Journal of structural engineering，1995，121(2)：161-173

[100] 高维成，刘伟，邹经湘. 基于结构振动参数变化的损伤探测方法综述[J]. 振动与冲击，2005，23(4)：1-7.

[101] Denoyer K K，Peterson L D. Model update using modal contribution to static flexibility error[J]. AIAA journal，1997，35(11)：1739-1745.

[102] Bernal D. Load vectors for damage localization[J]. Journal of Engineering Mechanics，2002，128(1)：7-14.

[103] Bernal D. Flexibility-based damage localization from stochastic realization results[J]. Journal of Engineering Mechanics，2006，132(6)：651-658.

[104] 王秋萍，郭迅. 基于损伤部位向量法的钢框架损伤识别研究[J]. 世界地震工程，2012，1：8-15.

[105] 杨秋伟，刘济科. 工程结构损伤识别的柔度方法研究进展[J]. 振动与冲击，2011，30(12)：147-153.

[106] 邱飞力，张立民，张卫华. 基于模态柔度矩阵的结构损伤识别[J]. 噪声与振动控制，2015，35(4)：101-106.

[107] Gao Y，Ruiz-Sandoval M，Spencer B F. Flexibility-based damage localization employing ambient vibration[C]//New York：Proceedings of the 15th ASCE Engineering Mechanics Conference，2002：203-213.

[108] Chen J C，Garba J A. On-orbit damage assessment for large space structures[J]. AIAA journal，1988，26(9)：1119-1126.

[109] Zimmerman D C，Kaouk M. Structural damage detection using a minimum rank update theory[J]. Journal of Vibration and Acoustics，1994，116(2)：222-231.

[110] Zimmerman D C，Smith S W，Kim H M，et al. An experimental study of structural health monitoring using incomplete measurements[J]. Journal of Vibration and Acoustics，1996，118(4)：543-550.

[111] Doebling S W. Minimum-rank optimal update of elemental stiffness parameters for structural damage identification[J]. AIAA journal，1996，34(12)：2615-2621.

[112] 徐世桥，田浩，陈艾荣. 优化参数型大跨径悬索桥模型修正方法研究[J]. 上海公路，2014(4)：24-28.

[113] 陈彦江，程永欢，李勇，等. 基于参数灵敏度分析的连续刚构桥有限元模型修正[J]. 公路，2014，7：33-42.

[114] 周林仁，欧进萍. 斜拉桥结构模型修正的子结构方法[J]. 振动与冲击，2014，33(19)：52-58.

[115] 程永欢，陈彦江，李勇. 基于环境激励的连续刚构桥模态参数识别及有限元模型修正[J]. 工业建筑，2014，1：123-129.

［116］ 方圣恩．基于有限元模型修正的结构损伤识别方法研究［D］．长沙：中南大学学位论文，2010：20-30．

［117］ 李伟明．有限元模型修正方法及自由度匹配迭代技术研究［D］．上海：上海交通大学学位论文，2011：37-45．

［118］ 胡斌．基于灵敏度分析的模型修正方法在隔震桥梁的运用［J］．华南地震，2014，34（B04）：53-56．

［119］ 张纯，宋固全，吴光宇．实测模态和结构模型同步修正的结构损伤识别方法［J］．振动与冲击，2010，29（9）：1-4．

［120］ 张冬冬．基于高斯过程响应面及核密度估计的有限元模型确认方法的研究［D］．南京：南京航空航天大学学位论文，2012：16-25．

［121］ 宗周红，高铭霖，夏樟华．基于健康监测的连续刚构桥有限元模型确认（I）——基于响应面法的有限元模型修正［J］．土木工程学报，2011，44（2）：90-98．

［122］ 费庆国，韩晓林，苏鹤玲．响应面有限元模型修正的实现与应用［J］．振动．测试与诊断，2010，30（2）：132-134．

［123］ 李佰灵，荣克林．基于响应面方法的多目标有限元模型修正技术研究［J］．强度与环境，2010，37（4）：13-21．

［124］ 刘瞻，张建国，王灿灿，等．基于优化 Kriging 模型和重要抽样法的结构可靠度混合算法［J］．航空学报，2013，34（6）：1347-1355．

［125］ 李华军，杨和振．海洋平台结构参数识别和损伤诊断技术的研究进展［J］．工程力学，2004，21（S1）：116-138．

［126］ Lu Y，Gao F．A novel time-domain auto-regressive model for structural damage diagnosis［J］．Journal of Sound and Vibration，2005，283（3）：1031-1049．

［127］ Vanlanduit S，Parloo E，Cauberghe B，et al．A robust singular value decomposition for damage detection under changing operating conditions and structural uncertainties［J］．Journal of Sound and Vibration，2005，284（3）：1033-1050．

［128］ Yan A M，Kerschen G，De Boe P，et al．Structural damage diagnosis under varying environmental conditions—part I：a linear analysis［J］．Mechanical Systems and Signal Processing，2005，19（4）：847-864．

［129］ Yan A M，Kerschen G，De Boe P，et al．Structural damage diagnosis under varying environmental conditions—part II：local PCA for non-linear cases［J］．Mechanical Systems and Signal Processing，2005，19（4）：865-880．

［130］ 张纯，宋固全．去噪正则化模型修正方法在桥梁损伤识别中的应用［J］．振动工程学报，2012，25（1）：97-102．

［131］ Nichols J M，Virgin L N，Todd M D，et al．On the use of attractor dimension as a feature in structural health monitoring［J］．Mechanical Systems and Signal Processing，2003，17（6）：1305-1320．

［132］ Hou Z，Noori M，Amand R S．Wavelet-based approach for structural damage detection［J］．Journal of Engineering mechanics，2000，126（7）：677-683．

［133］ 余竹，夏禾，殷永高．基于小波变换与 Lipschitz 指数的桥梁损伤识别研究［J］．振动与冲击，2015，34（14）：65-69．

［134］ 余竹，夏禾．基于移动荷载作用下的结构响应及小波分析的桥梁损伤诊断［J］．北京交通大学学

报：自然科学版，2014，38(3)：55-61.

[135] 钟儒勉，宗周红，郑沛娟，等. 基于节点曲率和小波分析的梁式桥多尺度损伤识别[J]. 振动与冲击，2015，34(12)：108-114.

[136] Kim H, Melhem H. Fourier and wavelet analyses for fatigue assessment of concrete beams[J]. Experimental Mechanics, 2003, 43(2): 131-140.

[137] Melhem H, Kim H. Damage detection in concrete by fourier and wavelet analyses[J]. Journal of Engineering Mechanics, 2003, 129(5): 571-577.

[138] Yan Y J, Yam L H. Detection of delamination damage in composite plates using energy spectrum of structural dynamic responses decomposed by wavelet analysis[J]. Computers & structures, 2004, 82(4): 347-358.

[139] Collins J D, Hart G C, Haselman T K, et al. Statistical identification of structures[J]. AIAA journal, 1974, 12(2): 185-190.

[140] Ricles J M, Kosmatka J B. Damage detection in elastic structures using vibratory residual forces and weighted sensitivity[J]. AIAA journal, 1992, 30(9): 2310-2316.

[141] Beck J L, Katafygiotis L S. Updating models and their uncertainties. I: Bayesian statistical framework[J]. Journal of Engineering Mechanics, 1998, 124(4): 455-461.

[142] Doebling S W, Farrar C R, Goodman R S. Effects of measurement statistics on the detection of damage in the Alamosa Canyon Bridge[C]//Proceedings-SPIE the international society for optical engineering, SPIE international society for optical, 1997: 919-929.

[143] Hermans L, Van der Auweraer H, Mevel L. Health monitoring and detection of a fatigue problem of a sports car[C]//SPIE proceedings series, Society of Photo-Optical Instrumentation Engineers, 1999: 42-48.

[144] Sohn H. A Bayesian probabilistic approach for structure damage detection [J]. Earth -quake Engineering and Structural Dynamics, 1997, 26: 1259-1281

[145] 张启伟. 桥梁健康监测中的损伤特征提取与异常诊断[J]. 同济大学学报：自然科学版，2003，31(3)：258-262.

[146] Trendafilova I, Heylen W, Sas P. Two statistical pattern recognition methods for damage localization[C]//SPIE proceedings series, Society of Photo-Optical Instrumentation Engineers, 1999: 1380-1386.

[147] Kullaa J. Damage detection of the Z24 bridge using control charts[J]. Mechanical Systems and Signal Processing, 2003, 17(1): 163-170.

[148] Fugate M L, Sohn H, Farrar C R. Vibration-based damage detection using statistical process control[J]. Mechanical Systems and Signal Processing, 2001, 15(4): 707-721.

[149] Sohn H, Allen D W, Worden K, et al. Structural damage classification using extreme value statistics[J]. 2005, 127(5): 125-132.

[150] 吕彩忠，林宇洪. 基于 RBF 神经网络的桥梁损伤责任评价系统设计[J]. 长江大学学报自然科学版：理工，2013(7)：111-115.

[151] 张旭. 基于 BP 神经网络和模态曲率法的拱桥损伤识别研究[D]. 兰州：兰州理工大学学位论文，2013：11-20.

[152] 邓扬，李爱群，刘扬. 基于监测数据的大跨度悬索桥频率与环境条件的相关性模型[J]. 中南大

学学报(自然科学版)，2014，7：036.

[153] 单德山，丁德豪，李乔. 基于 RBF 神经网络的单塔斜拉桥模型修正[J]. 重庆交通大学学报(自然科学版)，2013，32(4)：555-559.

[154] Rytter A，Kirkegaard P H. The Use of neural networks for damage detection and location in steel member[C]//Third international conference on the application of artificial intelligence of civil engineering，Edinburgh. 1993，10：20-30.

[155] Wu X，Ghaboussi J，Garrett J H. Use of neural networks in detection of structural damage[J]. Computers & structures，1992，42(4)：649-659.

[156] Nakamura M，Masri S F，Chassiakos A G，et al. A method for non-parametric damage detection through the use of neural networks[J]. Earthquake engineering & structural dynamics，1998，27(9)：997-1010.

[157] Chen S S，Kim S. Neural-network-based signal monitoring in a smart structural system[C]//1994 North American Conference on Smart Structures and Materials. International Society for Optics and Photonics，1994：176-186.

[158] 宗周红，任伟新，阮毅. 土木工程结构损伤诊断研究进展[J]. 土木工程学报，2003，36(5)：105-110.

[159] 鞠彦忠，阎贵平，陈建斌. 用 ART2 神经网络方法进行结构的损伤识别[J]. 中国安全科学学报，2015(3)：4-83.

[160] Vapnik V，Bottou L. Local algorithms for pattern recognition and dependencies estimation[J]. Neural Computation，1993，5(6)：893-909.

[161] Vapnik V. Three fundamental concepts of the capacity of learning machines[J]. Physica A：Statistical Mechanics and its Applications，1993，200(1)：538-544.

[162] 李波，刘明军，马奕仁. 基于平均曲率模态和最小二乘支持向量机的混凝土拱坝损伤识别方法研究[J]. 长江科学院院报，2013，30(11)：113-118.

[163] 赵世英，李延强. 基于粒子群优化支持向量机的斜拉桥主梁损伤识别研究[J]. 石家庄铁道大学学报：自然科学版，2015(1)：17-21.

[164] 刘扬，曾浩. 基于支持向量机的大跨连续刚构桥可靠度分析[J]. 交通科学与工程，2014，30(4)：38-43.

[165] 王昕. 基于支持向量机的斜拉桥拉索损伤识别技术研究[D]. 石家庄：石家庄铁道大学学位论文，2014：40-60.

[166] Horiguchi T，Kumrashima T，Tateda M. Tensile Strain Dependence of Brillouin Frequency Shift in Silica Optical Fibers[J]. Photonics Technology Letters，1989，1.5：107-108.

[167] Guo Tong，Li Aiqun，Song Yongsheng，et al. Experimental Study on Strain and Deformation Monitoring of Reinforced Concrete Structures Using PPP-BOTDA [J]. Science in China Series E：Technological Sciences，2009，52(10)：2859-2868.

[168] Zou L，Bao X，Afshar S，Chen L. Dependence of the Brillouin Frequency Shift on Strain and Temperature in a Photonic Crystal Fiber[J]. Optics Letters，2004，29：1485-1487.

[169] Kishida K，Li C H，Nishiguchi K. Pulse Pre-pump Method for Cm-order Spatial Resolution of BOTDA[J]. Proceedings of SPIE-The International Society for Optical Engineering，2005，5855：559-562.

[170] 江宏. PPP-BOTDA分布式光纤传感技术及其在试桩中应用[J]. 岩土力学，2011，32(10)：3190-3195.

[171] Li W，Bao X，Li Y，Chen L. Differential Pulse-width Pair BOTDA for High Spatial Resolution Sensing[J]. Optics Express，2008，16. 26：21616-21625.

[172] Dong Y，Bao X，Li W. Differential Brillouin Gain for Improving the Temperature Accuracy and Spatial Resolution in a Long-distance Distributed Fiber Sensor[J]. Applied Optics，2009，48. 22：4297-4301.

[173] Dong Y，Bao X，Chen L. Online Monitoring of the Distributed Lateral Displacement in Large AC Power Generators Using a High Spatial Resolution Brillouin Optical Fiber Sensor[J]. Smart Materials and Structures，2011，20. 11：115001.

[174] 陶思聪，赖博文，雷鹰，等. 钢筋混凝土梁表面多裂缝扩展的试验研究[J]. 厦门大学学报：自然科学版，2016，55(4).

[175] Dong Y，Chen L，Bao X. System Optimization of a Long-range Brillouinloss-based Distributed Fiber Sensor[J]. Applied Optics，2010，49. 27：5020-5025.

[176] 夏涛. 钢箱梁神经网络式监测系统应用研究[D]. 南京理工大学，2013.

[177] 刘少聪，李汉彬，王磊. BOTDA技术在大跨度桥梁监测中的应用[J]. 工程地球物理学报，2013，10(2)：264-267.

[178] Enckell M，Glisic B，Myrvoll F，et al. Evaluation of a Large-scale Bridge Strain，Temperature and Crack Monitoring with Distributed Fibre Optic Sensors[J]. Journal of Civil Structural Health Monitoring，2011，1(1-2)：37-46.

[179] 路杰. 基于光纤布里渊与光栅的多尺度传感网络技术[D]. 大连理工大学，2011.

[180] 范哲. 大跨斜拉桥有限元模型修正与结构损伤监测方法研究[D]. 大连理工大学，2013.

[181] 杨樟成，罗剑波，冯亚非，等. 布里渊光时域分析技术在桥梁静载试验中的应用[J]. 声学与电子工程，2015(3)：11-14.

[182] 徐冲. 超载下既有桥梁加固后疲劳性能试验研究[D]. 浙江大学，2011.